快学

入门速成班丛书之七

法语入门速成班

je t'aime!

● 宋健榕　汪帼英　主编　郭永刚　主审

哈尔滨工业大学出版社

图书在版编目(CIP)数据

法语入门速成班/宋健榕主编.—哈尔滨：哈尔滨工业大学出版社,2008.1(2014.1重印)
(入门速成班丛书)
ISBN 978-7-5603-2455-5

Ⅰ.法… Ⅱ.宋… Ⅲ.法语-自学参考资料 Ⅳ.H32

中国版本图书馆 CIP 数据核字(2007)第 005166 号

责任编辑　孙雅洁　杨明蕾
封面设计　小　似
出版发行　哈尔滨工业大学出版社
社　　址　哈尔滨市南岗区复华四道街 10 号　邮编150006
电　　话　0451-86416203
传　　真　0451-86414749
网　　址　http://hitpress.hit.edu.cn
印　　刷　黑龙江省教育厅印刷厂
开　　本　880mm×1230mm　1/32　印张 6.875　字数 220 千字
版　　次　2008 年 1 月第 1 版　2014 年 1 月第 9 次印刷
书　　号　ISBN 978-7-5603-2455-5
定　　价　16.80 元（送 mp3 录音光盘一张）

（如因印装质量问题影响阅读,我社负责调换）

前　言

　　近年来，随着中法友谊的深入和两国经贸关系的进一步增强，法语在中国已经逐渐成为紧随英语和日语之后的第三大热门外语，越来越多的人加入了法语学习的行列。但如何使自己的法语水平在最短的时间内得到最显著的提高呢？这个问题看似难题，其实并不难解决。外语学习讲究方法，课本的选择尤其重要。本书从最基本的语音和词汇出发，再到简单日常会话，循序渐进，逐渐深入，帮助学习者轻松达到法语基本会话水平。

　　本书分为语音、会话及词汇三大部分，一共八章。

　　语音部分占本书近一半的篇幅。对于初学者来说，准确地掌握语音知识、正确发音是最基本的要求。该部分从最基本的字母发音到法语语句中独有的联诵，以及法语的语音语调等，对所有语音规则都一一详细讲解。

　　语言学习的最终目的是为了交流。在基本的语音阶段结束之后，便可进入语言运用能力的提高环节——日常交际用语。该部分分为二十课，每一课都针对一个具体的日常生活场景展开会话，如介绍、询问、用餐、观光等等。贴近生活，涵盖面广，便于学习者即学即用。

　　最后一部分是对词汇的补充。在语音和会话部分中，例句颇多，大部分词汇已包括在其中。在这一部分，我们又针对性地补充六类特殊词汇，分别是数字、时间、计量单位、方位、颜色、以及称谓。这些词汇都是初学者最先使用到的。

　　希望本书能助学习者早日步入法语的美丽殿堂！

编　者
2007年7月

目 录

I. 概述　　INTRODUCTION 1
II. 法语字母及其发音　L'ALPHABET ET LA PRONONCIATION .. 3
　　1. 字母表 3
　　2. 特殊字符及其发音 3
III. 音素　　PHONÈME 5
　　1. [a] & [e] & [ɛ] 6
　　2. [ø] & [œ] & [ə] 11
　　3. [i]&[j] 16
　　4. [u]&[w] 21
　　5. [y]&[ɥ] 26
　　6. [o]&[ɔ] 31
　　7. [ɛ̃]&[œ̃] 36
　　8. [ɑ̃]&[ɔ̃] 41
　　9. [p]&[b] 46
　　10. [t]&[d] 50
　　11. [k]&[g] 55
　　12. [f]&[v] 60
　　13. [s]&[z] 64
　　14. [ʃ]&[ʒ] 69
　　15. [l]&[r] 74

16. [m]&[n]&[ɲ] 79
17. [pl]&[bl] 84
18. [kl]&[gl] 88
19. [fl]&[fr]&[vr] 92
20. [pr]&[br] 97
21. [tr]&[dr] 101
22. [kr]&[gr] 105

IV. 联诵　LA LIAISON 109
V. 句子的语调　L'INTONATION 113
VI. 读音规则小结　LA RÈGLE EST RÈCAPITULÉE 118
VII. 日常交际用语　EXPRESSIONS COURANTES 123

   第一课　见面问候 124
   第二课　介绍 128
   第三课　邀请 132
   第四课　做客 136
   第五课　询问 139
   第六课　感谢 143
   第七课　道歉 147
   第八课　祝贺，祝愿 151
   第九课　赞美 154
   第十课　打电话 158
   第十一课　在飞机场 162
   第十二课　在飞机上 167
   第十三课　出入境 171
   第十四课　乘坐火车 175
   第十五课　乘坐轮船 179
   第十六课　住宿 183
   第十七课　用餐 188
   第十八课　交通出行 194

第十九课　观光 199

第二十课　购物 203

附录 基本词汇 MOTS COURANTS 209

1. 数字 209
2. 时间 210
3. 计量单位 210
4. 方位 211
5. 颜色 211
6. 称谓 211

I. 概　　述

INTRODUCTION

　　法语为印欧语系罗曼语族的一支，起源自拉丁文。早在17世纪，许多国家的贵族阶层的交流中，已有穿插法语单词为时髦。今天，法语作为联合国六种工作语言之一，被广泛地使用于国际性的社交和外交活动中，作用仅次于英语。它不仅是法国的官方语言，而且还是遍布世界五大洲的40多个国家和地区的官方语言或通用语言，讲法语的人数估计在1.2亿左右，在法国本土超过5 000万。

　　法语是法国(约5 000万人口)、摩纳哥及卢森堡(各约2.5万人说法语)的官方、社会和文学语言。在比利时，讲法语的居民约500万，法语是两种并存的正式语言之一，也是文学创作的语言。在瑞士，法语通行于西部诸州(约150万人口)；此外也通行于英国的海峡群岛(约10万人口)。西半球方面，法语是海地共和国的官方语言和文学用语(约450万人，但至少有400万讲夹杂土语的法文)；在加拿大，英语和法语都是正式通用的语言，至少有500万人口讲法语，主要分布在魁北克省，他们的日常生活多以法语进行交谈。法语亦是法国属地的官方语言，如法属圭亚那、马丁尼克岛、哥德洛普和密启伦群岛，总人口约有10万。非洲讲法语的人口至少有700万。法语在柬埔寨是官方语言之一，在老挝和越南也相当通行，总人口至少有50万。法语已经成为许多国家教育体制内足以与英语相匹敌的第二外国语。在欧洲、北美和南美，甚至亚非两洲许多国家内，至少有2 500万人以法语为第二外国语，而且能说写流利。

　　法语是世界上最优美的语言之一。在适当的地方停顿，加强节奏感，并借韵律美带领聆听者在思维的海洋里漫游。这种让人与思维一起舞蹈的说话风格，无疑会使表达充满感性及跌宕之美。法语就是这样的一种语言，好像吴侬软语，让人充满想像。所以，这种早已和高尚生活联系起来并且已经成为一种高贵身份代名词的语言为越来越多的人们所心生向往。

　　而作为语言，法语有两种基本表达形式：语音形式和书写形式。语音是语言的物质外壳。作为有声的语言，它的语法和词汇都要通过语音语调来体现，掌握好语音语调是学习语言十分重要的第一步。

　　法语区别于英语最直观的地方就是在某些字母上面会有一些音符，所有带音符的字母发音都是唯一的,而其他不带音符的字母,其发音会因在单词中位置的不同而不同,但也都是固定有规则的,利用这些发音规则就可以像拼汉语拼音一样来读法语单词。

法语发音以优雅、庄重见长,其语音语调与英语有很大的出入,没有双元音,而小舌颤音与法语所固有的抑扬顿挫融在一起,颇有"大珠小珠落玉盘"的美感。这里值得注意的是,初学者常用讲英语的语感来读法语,以致让人听起来缺乏稳重,又"飘"又"浮"。此外,方言也会影响法语的正确发音。比如,一些南方人讲方言时"n""l"不分,并且不自觉地在讲法语时表现出来,从而显得发音很不地道。学习法语语音离不开反复的练习和模仿,在跟老师学语音之外,看看法语电影、听听法语歌曲、尝试朗诵法语诗,都有助于营造语言氛围,在潜意识里培养对法语语音语调的感觉。

学习法语语音时,要注意以下几点:

1. 要多听多模仿,体会每个音素的发音要领和读音规则,并留意各种语调的升降和节奏的快慢。这是掌握语音语调并培养语感的一种重要手段。

2. 法语音素发音时,唇、舌以及口腔的动作往往较明显、突出。因此,每个音素都应发得清楚、明确、有力。

3. 借助其它语言音素与之对比,找出它们的不同之处。法语中有不少音素的音标与英语一样,如[e]、[u]、[v]等等,切忌套用英语的发音方法,更不能找一个与汉语近似的音来替代。

4. 要坚持多读多讲多听,并要敢读敢讲,不怕出错。

最后需要强调的是,语言学习贵在坚持,只有坚持不懈地练习和运用,才能真正掌握好一门语言。法语学习其实并不如大家想像的那么浪漫,学习过程中碰到枯燥、繁琐的情况在所难免,但只要坚持下来了,就一定有收获。所以,在学习前一定要做好心理准备,不管学习哪种语言,都需要有足够的毅力,不要因为小小的挫折,就半途而废。

最后希望大家能通过努力,掌握好这门语言。

II. 法语字母及其发音

L'ALPHABET ET LA PRONONCIATION

法语采用拉丁字母，字母表与英语相同，共26个字母，包括5个元音字母(a, e, i, o, u)和21个辅音字母(b, c, d 等)，此外，还有几个特殊字母: à, â, oe, è, ç, é, ê, ë, ù 等。

1. 字母表

大写	小写	读音	大写	小写	读音
A	a	[a]	N	n	[ɛn]
B	b	[be]	O	o	[o]
C	c	[se]	P	p	[pe]
D	d	[de]	Q	q	[ky]
E	e	[ə]	R	r	[ɛr]
F	f	[ɛf]	S	s	[ɛs]
G	g	[ʒe]	T	t	[te]
H	h	[aʃ]	U	u	[y]
I	i	[i]	V	v	[ve]
J	j	[ʒi]	W	w	[dubləve]
K	k	[ka]	X	x	[iks]
L	l	[ɛl]	Y	y	[igrɛk]
M	m	[ɛm]	Z	z	[zɛd]

2. 特殊字符及其发音

法语除了26个字母外，还有一些拼写符号，这些符号是英语中所没有的，它们与一些元音字母组成新的字符或单词，发音也有所不同。

符号	用法	组成字符	读音	举例
"′" accent aigu 尖音符	放在字母e上方	é	[e]	état, bébé
"`" accent grave 钝音符	放在字母a, e, u 上方	à, è, ù	[a], [ɛ], [ou]	celà, frère, où
"^" accent circonflexe 长音符	放在字母a, e, u, i, o 上方	â, ê, û, î, ô	[a], [ɛ], [u], [i], [o]	château, fenêtre, coût, connaître, côté
".." tréma 分音符	放在字母e, i的上方, 表示这些字母应与它前面的元音字母分开发音	ë, ï	[ɛ], [i]	Noël, maïs
"s" la cédille 变音符	放在字母c下方, 表示字母c在字母a, o, u 前读[s]	ç	[s]	Français, leçon, reçu
"'" apostrophe 省文撇	用来链接单词			l'été, c'est
"-" trait d'union 连字符	用来连接几个单词			grande-mère, plate-forme

III. 音 素

PHONÈME

　　与英语语音不同，法语语音的规律性比较强。因此，在法语中，音标并不重要，关键是掌握好读音规则，利用这些规则就可以像拼汉语拼音一样来读法语单词。

　　在法语语音中，音素是最小的单位。法语共有36个音素，其中元音音素16个，辅音音素20个，但前元音[α]现已不常用，被后[a]所代替。要掌握法语单词的正确发音，就必须学习音素，也就是字母在单词中的实际发音。在学习音素之前，有必要对人体的发音器官做个整体的了解。下图为人体发音器官的侧面剖面图。

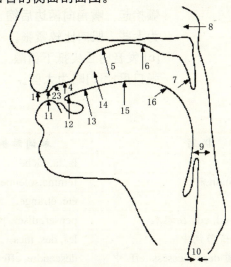

1—上唇；2—上齿；3—上齿背；4—上齿龈；5—硬腭；6—软腭；7—悬雍垂；8—鼻腔；9—咽部；10—声带；11—下唇；12—舌尖；13—舌前；14—口腔；15—舌中；16—舌后

1. [a] & [e] & [ɛ]

读音规则

[a] 发音时舌头平放口中，舌尖轻轻抵住下齿龈，嘴唇微张，与汉语中的"啊"音相似。

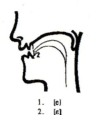

[e] 发音时舌尖抵下齿龈，舌前部稍稍向硬颚抬起，嘴角向两边后缩，张口度比[i]略为大些，肌肉比较紧张。

[ɛ] 发音时舌尖抵下齿龈，舌面微微隆起，张口度比[e]略为大些。

1. [e]
2. [ɛ]

音	拼写	单词举例
[a]	1. a, à, â	la, là, fâché
	2. e 在 mm, nn 前	femme, solennel
[e]	1. é	été, étranger
	2. -er, -ez, -ed, -eds 在词末	penser, disez, pied
	3. es 在单音节词中	les, des, mes
	4. e 在词首 desc-, dessess-, eff- 中	descendre, effet
	5. 单词 et	et
[ɛ]	1. ai, ê, ei, è, aî	lait, fête, mère, maître
	2. e 在相同的两个辅音字母前	belle, adresse
	3. e 在闭音节中	bel, mer
	4. -et, -ec 在词末	effet, respect

III. 音素 · 1. [a] & [e] & [ɛ]

一句话练发音

Elle habite au septième étage.
[ɛ-labi-to-sɛtjɛ-metaʒ]
她住在七楼。

绕口集训

① **Elle est** une **élève** des **écoles primaires**.
她是一名小学生。

重点单词

elle	[ɛl]	pron.	她
est	[ɛ]	v.	是
école	[ekɔl]	n.	学校
primaire	[primɛr]	adj.	初级的

② Pierre **descend** de l'**escalier** avec sa femme.
皮埃尔和他太太一起走下楼来。

重点单词

descendre	[desɑ̃:dr]	v.	走下
escalier	[ɛskalje]	n.	楼梯
avec	[avɛk]	prep.	和……一起
sa	[sa]	adj.	他的
femme	[fam]	n.	太太，妻子

③ Mon **père** et ma **mère** habitent à Saint-Etienne.
我父亲与母亲住在圣艾蒂安。

7

重点单词

père	[pɛr]	n.	她
et	[e]	conj.	是
habiter	[abite]	v.	学校
à	[a]	prep.	初级的
Saint-Etienne	[sɛ̃tetiɛn]	n.	圣·艾蒂安(市名)

单词集训

salle	[sal]	n. 大厅	mère	[mɛr]	n. 母亲
bras	[bra]	n. 手臂	fête	[fɛt]	n. 节日
mâcher	[maʃe]	v. 咀嚼	laine	[lɛn]	n. 羊毛
là	[la]	adv. 那里	mer	[mɛr]	n. 大海
égal	[egal]	adj. 平等的	laver	[lave]	v. 洗
et	[e]	conj. 和	pied	[pje]	n. 脚

短语集训

■ **salle** [sal] **à** [a] **manger** [mɑ̃ʒe]
  饭厅

■ **la Fête** [fɛt] **Nationale** [nasjɔnal]
  国庆节

■ **laisser** [lɛse] **faire** [fɛr]
  随它去

■ **la** [la] **langue étrangère** [etrɑ̃ʒɛr]
  外语

■ **frapper** [frape] **le sol du pied** [pje]
  跺脚

III. 音素・1. [a] & [e] & [ɛ]

📚 单句集训

- Je bois une **tasse** [tas] de **café**[kafe] tous **les** [le] **matins** [matɛ̃].
  我每天早上喝一杯咖啡。
- **Elle** [ɛl] pense **à** [a] **sa** [sa] **mère** [mɛr].
  她想念她的母亲。
- Je **m'appelle** [mapɛl] **Anne** [an].
  我叫安娜。
- **Mes** [me] **parents** [parɑ̃] vont au **cinéma** [sinema] tous **les** [le] **samedi** [samdi].
  我父母每个星期六都去电影院看电影。

📚 实战集训

A : Comment vous **appelez** [apəle] -vous?
　　您叫什么名字？
B : Je **m'appelle** [mapɛl] **Anne** [an].
　　我叫安娜。

📚 每日一练

➪ [a]　　　　　　　　　　　　　　　　　　　　

① **Pa**scal **va** en **cla**sse.
　巴斯卡尔去上课。
② Elle **va à la** g**a**re **a**vec **sa va**lise.
　她带着她的箱子去火车站。
③ Sa f**e**mme est f**â**chée à cause de son ret**a**rd.
　他妻子对他的迟到感到很恼火。
④ Cette **a**ffaire est très importante dans **sa** vie.
　这是他一生中的大事。

9

➡ [e]

① **All**e**z** **lave**r **les** mains!
去洗手！

② Vous **av**e**z** **écrit** à vos parents?
你们给你们的父母写信了吗？

③ La **fum**é**e** s'**élève** d'un **étang**.
蒸汽从池塘升起。

④ **Effacez** ce qui est **écrit** au tableau.
请把黑板上写的擦掉。

➡ [ɛ]

① Allons prendre un peu d'**air frais**.
让我们去呼吸点新鲜空气。

② **Elle** prend un café tous les matins.
她每天早上喝一杯咖啡。

③ **Tel maître, tel valet**.
有其仆，必有其主。

④ Je **regrette** d'**être** en retard.
我很抱歉迟到了。

➡ [a] vs. [e] vs. [ɛ]

① **Ferm**e**z** **la** porte, s'il vous **plaît**.
请关上门，谢谢。

② **Anne** pouv**ait** **parler** **quatre** langues **étrangères** quand **elle** **av**ait **quatre** ans.
安娜四岁时就能说四门外语。

2. [ø] & [œ] & [ə]

 读音规则

[ø] 舌位、张口度与[e]相同，但双唇必须突出呈圆形，舌尖抵下齿龈，舌前部微微抬起。

[œ],[ə] 舌位、张口度与[ɛ]相似，只是双唇突出呈圆形，同时舌尖抵下齿龈，舌前部略抬起。可先发[ɛ]，然后将双唇突出成圆形，即能发出[œ],[ə]。

1.[ø] 2.[œ] 3.[ə]

音	拼写说明	单词举例
[ø]	1.eu,oeu 在词末开音节中	peu,voeu
	2.eu 在辅音[z],[t],[d],[tr]前	heureuse,émeute
[œ]	eu,oeu,oe	heure,oeuf
[ə]	e 1.在单音节词末	me, le, de
	2.在词首开音节中	tenir,premier
	3.在"辅辅e辅"的组词结构中	entreprise,propreté
	ai 在少数词中	faisons,satisfaisant
	on 在个别词中	monsieur

法语 入门速成班

一句话练发音

Le noeud chinois symbolise le bonheur.
[lə-nø-ʃinwa-sɛ̃bɔliz-lə-bɔnœ:r]
中国结象征着幸福。

绕口集训

① Sa **soeur demeure** en **Europe.**
他妹妹住在欧洲。

重点单词

soeur	[sœr]	n.	姐妹
demeurer	[dəmœ:re]	v.	居住
Europe	[ørɔp]	n.	欧洲

② Son **neveu pleure** de **peur.**
他侄子害怕得直掉泪。

重点单词

neveu	[nəvø]	n.	侄子
pleurer	[plœre]	v.	哭
peur	[pœr]	n.	害怕

③ Je **veux** son **bonheur**.
我想让她幸福。

重点单词

vouloir	[vulwar]	v.	想要
bonheur	[bɔnœr]	n.	幸福

单词集训

feu	[fø]	n. 火		fleur	[flœr]	n. 花
jeu	[ʒø]	n. 游戏		fleuve	[flœv]	n. 河流
voeu	[vø]	n. 心愿		oeuvre	[œvr]	n. 工作
queue	[kø]	n. 尾巴		jeune	[ʒœn]	a. 年轻的
premier	[prəmje]	n. 第一个		monsieur	[məsjø]	n. 先生
devenir	[dəvənir]	v. 变成		fenêtre	[fənɛtr]	n. 窗户

短语集训

■ faire le *monsieur* [məsjø]
  神气活现

■ le *premier* [prəmje] de l'an
  元旦

■ le *jeu* [ʒø] de mots
  文字游戏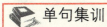

■ le *Fleuve* [flœv] Jaune
  黄河

■ la vie *heureuse* [œrøz]
  幸福的生活

单句集训

■ Qu'est-ce **que** [kə] c'est?
  这是什么?

■ C'est une **fleur** [flœr].
  这是朵花。

■ Quelle **heure** [œr] est-il?
  几点了?

■ Il est **neuf heures et demie** [nœ-vœr-e-dəmi].
现在九点半了。

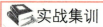实战集训

A : Vous avez **l'heure** [lœr]?
请问几点了？
B : Il est **neuf heure et demie** [nœ-vœr-e-dəmi].
现在九点半了。

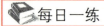每日一练

▷ [ø]

① Il n'y a pas de fumée sans **feu**.
无风不起浪。
② Je vais avec **eux**.
我和他们一起去。
③ Jamais **deux** sans trois.
有两次必有第三次。
④ Il a les **cheveux bleux**.
他有一头蓝发。

▷ [œ]

① **Erreur** n'est pas compte.
错误总是可以改正的。
② Ça entre comme dans du **beurre**.
这太容易了。
③ J'ai encore mon dîner sur le **coeur**.
我吃的晚饭还没消化。
④ Vous avez toute liberté de **manoeuvre**.
您有完全的行动自由。

➡ [ə]

① Quel **que** soit **le** résultat, **je le fe**rai.
不管结果如何，我都要去做。

② **Je ne** sais pas.
我不知道。

③ **Je ne** sais **que de**venir.
我不知道怎么办才好。

④ Cette affaire souffre **quelque** difficult.
这件事有点困难。

➡ [ø] vs. [œ] vs. [ə]

① **Je** n'aime pas des **fle**urs **ble**ux.
我不喜欢蓝色的花。

② Loin des **yeux,** loin du **cœur.**
人远情疏。

3. [i] & [j]

读音规则

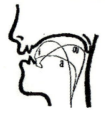

[i] 发音时肌肉较紧张,舌尖用力抵下齿龈,舌前部向硬颚抬起,嘴角向后缩,嘴唇呈扁平状,张口度很小,气流从舌面上部冲出。该发音与汉字"一"相似,但更为紧张有力。

[j] 发音部位和[i]相同,但发音时肌肉更紧张,气流通道更窄,气流通过时产生摩擦。

音	拼写说明		单词举例
[i]	i, î, ï, y		lit, île, type
[j]	1. i, ï 在元音前		bien, faïence
	2. -il 在元音后,并在词末		soleil, travail
	3. -ill 在元音后		mouiller, bataille
	4. y	1) 在词首	yeux
		2) 在元音前	il y a, Ça y est
		3) 在少数词尤其是专有名词中	fayot, Bayonne, la Fayette
		4) 在两个元音之间,此时 y 可视为两个 i 的组合,即 y=i+i	crayon, essayer

Ⅲ. 音素 · 3. [i] & [j]

 一句话练发音

Il va au travail.
[il-va-o-travaj]
他去上班。

 绕口集训

① **Lily lit le livre dans le lit.**
丽丽在床上读书。

重点单词

lire	[li]	v.	读(书)(lit 为 lire 的第三人称单数动词变形)
livre	[livr]	n.	书本
lit	[li]	n.	床

② **Sa fille vieillit dans sa famille.**
他女儿在家安度晚年。

重点单词

fille	[fij]	n.	女儿；女孩
vieillir	[vijɛjir]	v.	年老；变老
famille	[famij]	n.	家庭

③ **Cyrile joue aux billes avec Camille.**
西力勒与加密叶在打弹子。

重点单词

Cyrile	[siril]	n.p	西力勒(男名)
jouer	[jwe]	v.	玩

17

法语 入门速成班

| bille | [bij] | n. | 弹子 |
| Camille | [camij] | n.p | 佳密叶（女名） |

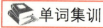
单词集训

île	[il]	n. 岛屿	bien	[bjɛ̃]	adv. 好
type	[tip]	n. 种类	lieu	[ljø]	n. 地点
ville	[vil]	n. 城市	soleil	[sɔlɛj]	n. 太阳
fils	[fis]	n. 儿子	yeux	[jø]	n. 眼睛
maïs	[mais]	n. 玉米	bataille	[bataj]	n. 战斗
midi	[midi]	n. 中午	essayer	[ɛsɛje]	v. 尝试

短语集训

■ le repas de *midi* [midi]
午饭

■ *ouvrir* [uvriːr] des yeux ronds
目瞪口呆

■ le *soleil* [sɔlɛj] levant
朝阳

■ la *ville* [vil] satellite
卫星城

■ *aviation* [avjasjɔ̃] *civile* [sivil]
民用航空

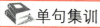
单句集训

■ **Oeil** [œj] pour **oeil** [œj], dent pour dent.
以眼还眼，以牙还牙。

■ La **fièvre** [fjɛvr] fait **frissonner** [frisɔne] le malade.
发烧使病人打寒颤。

■ Je vous en **prie** [pri].
不客气。

■ Je ne connais **rien** [rjɛ̃] de **meilleur** [mɛjœr].
我不知道还有比这更好的了。

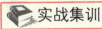实战集训

A : **Qui** [ki] est-ce?
这是谁?
B : C'est ma **fille** [fij], **Camille** [kamij].
这是我女儿卡米耶。

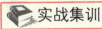每日一练

⇨ [i]

① Qu'est-ce **qu'il fricote** encore?
他还在搞什么?
② Voilà la question **qui** nous **divise.**
这就是造成我们分歧的问题所在。
③ **Il** ne faut pas juger une personne sur la **mine.**
不能以貌取人。
④ **Ni** vu **ni** connu je t'embrouille.
神不知鬼不觉。

⇨ [j]

① Le **chien frétille** de la queue.
狗摇尾巴。
② J'ai **oublié** le livre à la maison.
我把书忘在家里了。

③ Il **y** a des **feuilles** mortes par terre.
落叶满地。
④ Elle dessine au **crayon.**
她用铅笔作画。

➪ [i] vs. [j]

① **Rira bien qui rira le dernier.**
最后笑的人笑得最好。
② **Qui ne risque rien n'a rien.**
不入虎穴焉得虎子。

4. [u] & [w]

 读音规则

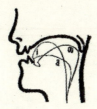

[u] 发音时舌位、张口度与[i]相似,但双唇突出呈圆形,音类似汉语拼音u,但肌肉的伸张力比 u 强。

[w] 发音部位与[u]相同,但发[w]时肌肉更紧张,气流通道更狭窄,气流通过时产生摩擦。

音	拼写说明	单词举例
[u]	1. ou	loup, poule
	2. où	où
	3. oû	coût, goût
	4. aoû	août
[w]	1. ou 在元音前	oui, louer
	2. w	watt, tramway
[wa]	1. oi, oy	moi, employer
	2. oe, oê 在个别词中	moelle, poêle
[wɛ̃]	oin	moins, loin

21

一句话练发音

Quand on parle du loup, on en voit la queue.
[kɑ̃-tɔ̃-parl-dy-lu-ɔ̃nɑ̃-vwa-la-kø]
说曹操，曹操到。

绕口集训

① Voulez-**vous boire** la **boisson froide**?
您要喝那冷饮吗？

vous	[vu]	*pron.*	您；你们
boire	[bwa:r]	*v.*	喝
boisson	[bwasɔ̃]	*n.*	饮料
froid	[frwa]	*adj.*	冷的

② Cette **boîte** à **coudre** est à **moi**.
这针线盒是我的。

重点单词

boîte	[bwat]	*n.*	盒子
coudre	[kudr]	*n.*	针线
moi	[mwa]	*pron.*	我

③ Moi, j'ai **foi** en l'**amour**.
我相信爱情。

III. 音素 · 4. [u] & [w]

重点单词

foi	[fwa]	n.	信教
amour	[amur]	n.	爱情

单词集训

nous	[nu]	*pron.* 我们	loi	[lwa]	n. 法律		
bout	[bu]	n. 尽头	voix	[vwa]	n. 声音		
où	[u]	*adv.* 在哪里	noir	[nwar]	n. 黑色		
goût	[gu]	n. 味道	oui	[wi]	*adv.* 是(的)		
août	[ut]	n. 八月	loin	[lwɛ̃]	*adv.* 遥远		
fou	[fu]	n. 疯子	poison	[pwazɔ̃]	n. 毒药		

短语集训

■ dire le grand *oui* [wi]
结婚

■ plat de haut *goût* [gu]
味道很浓的菜

■ le *bout* [bu] de la *route* [rut]
路的尽头

■ *bouton* [butɔ̃] à fleur
花蕾

■ le pain *noir* [nwar]
黑面包

单句集训

■ Où[u] vas-tu?
你去哪里?

■ **Quoi** [kwa] de neuf?
有什么新闻?

■ Merci **beaucoup** [boku]!
非常感谢!

■ Le **roi** [rwa] donne la **couronne** [kurɔn] à son fils.
国王为他儿子加冕。

实战集训

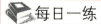
A：**Où** [u] est **Louise** [lwiz]?
路易丝在哪儿?
B：Elle est dans le **moulin** [mulɛ̃].
她在磨坊里。

每日一练

➪ [u]

① C'est un **gouffre** d'argent.
这是件花钱没有底的事儿。

② Laissez **mourir** le feu.
让火熄灭吧。

③ J'ai un **oubli**, quel est votre nom?
我一时忘了，您叫什么名字?

④ Il faut qu'une porte soit **ouverte ou** fermée.
二者必居其一。

➪ [w]

① A chaque **oiseau** son nid est beau.
金窝银窝不如自己的草窝。

② J'ai d'autres chats à **fouetter**.

我有更重要的事情要做。
③ Il n'a ni **foi** ni **loi**.
他简直无法无天。
④ Mes occupations ne me laissent pas le **loisir** de vous écrire.
我忙得抽不出空来给您写信。

➪ [u] vs. [w]

① **Loin** de **moi** la pensée de **vous** en faire le reproche.
你虽然走远了，但你的思想让我觉得和你距离更近了。
② **Tu bois** la **soupe** de **poisson**?
你喝鱼汤吗？

5. [y] & [ɥ]

 读音规则

[y]
发音时舌位、张口度与[i]相似,但双唇突出呈圆形,音类似汉语拼音ü,但肌肉的伸张力比ü强。

[ɥ]
发音部位和[y]相似,但发音时同样肌肉更紧张,气流通道更窄,气流通过时产生摩擦。

音	拼写说明	单词举例
[y]	u, û	sur, dû
[ɥ]	u 在元音前	nuit, juin

 一句话练发音

La pluie dure jusqu'à minuit.
[la-plɥi-dyr-jyska-minɥi]
雨一直持续到半夜。

III. 音素・5. [y] & [ɥ]

绕口集训

① Cette **usine se situe** en **Suisse**.
这家工厂位于瑞士。

重点单词

usine	[yzin]	n.	工厂
se situer	[sə-sitɥe]	v.	位于
Suisse	[sɥis]	n.	瑞士

② Ces **légumes cuisent** bien.
这些蔬菜很容易煮熟。

重点单词

légume	[legym]	n.	蔬菜
cuire	[kɥi:r]	n.	烧，煮

③ **Ici**, la **nuit** il n'y a **plus** de **bruit**.
这里，夜里没有噪音了。

重点单词

Ici	[isi]	adv.	这里
nuit	[nɥi]	n.	夜里
plus	[ply]	adv.	没有了
bruit	[brɥi]	n.	噪音

单词集训

user	[yze]	v. 使用		nuage	[nɥaʒ]	n. 云

法语 入门速成班

minute	[minyt]	n. 分钟	lueur	[lɥœr]	n. 闪光
lunette	[lynɛt]	n. 望远镜	huile	[ɥil]	n. 油
culture	[kyltyr]	n. 文化	mutuel	[mytɥɛl]	a. 相互的
excuse	[ɛkskyz]	n. 借口	suite	[sɥit]	n. 跟随
mûr	[myr]	a. 成熟的	sueur	[sɥœr]	n. 汗水

短语集训

- ***sueur*** [sɥœr] froide
  冷汗
- un mot d'***excuse*** [ɛkskyz]
  请假信
- l'***huile*** [ɥil] d'olive
  橄榄油
- âge ***mûr*** [myr]
  成年
- ***lunettes*** [lynɛt] de soleil
  太阳镜

单句集训

- Je ne te **suis** [sɥi] **plus** [ply].
  我不赞成你的话。
- Apportez de la **lumière** [lymjɛr].
  请拿灯来。
- Il fait **nuit** [nɥi].
  天黑了。
- Les **nuages** [nɥaʒ] **fuient** [fɥi].
  云飞逝而过。

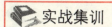 实战集训

A : **Puis** [pɥi]-je **fumer** [fyme] ici?
我可以在这儿抽烟吗?
B : Bien **sûr** [syr] que oui.
当然可以。

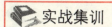 每日一练

⇨ [y]

① C'est une **jupe** plissée.
这是条百褶裙。
② Je t'en fais **juge**.
这件事我请你来评评看。
③ Ce bruit me **tue**.
这声音把我吵死了。
④ **Tu** as trop **bu**.
你喝多了。

⇨ [ɥ]

① Quelle **tuile**!
真是飞来横祸!
② Selon les prévisions météorologiques, le ciel sera **nuageux** aujourd'hui.
根据天气预报,今天多云。
③ La **pluie** continue.
雨在继续下着。
④ Elles chantent en **duo** tous les soirs.
她们每天晚上都进行二重唱。

➪[y] vs. [ɥ]

① Les fr**u**its sont m**û**res.
这些水果熟了。

② Ce m**u**sicien est un J**u**if.
这位音乐家是犹太人。

6. [o] & [ɔ]

📖 读音规则

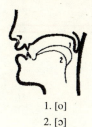

1. [o]
2. [ɔ]

[o]舌位、张口度与[e]相同,但双唇必须突出呈圆形,舌尖抵下齿龈,舌前部微微抬起。

[ɔ]舌位、张口度与[ɛ]相似,只是双唇突出呈圆形。

音	拼写说明		单词举例
[o]	1. ô		côt, tôt
[o]	o	1. 在词末开音节中	mot, repos
		2. 在词末[z]前	chose, rose
		3. 在 -otion 中	notion
		4. 在部分以 -osse 结尾的单词中	grosse, fosse
		5. 在 -ome 中	idiome, tome
		6. 在 -one 中	zone, monotone
	au		gauche, chaud
	eau		beau, peau
[ɔ]	o		or, bonne
	au	1. 在[r]前	aurore, aurai
		2. 在少数词中	mauvais, augmenter
	oi 在个别词中		oignon, ancoignure
	u 在词末 -um 中		minimum, maximum

一句话练发音

Chose promise, chose due.
[ʃoɪ-prɔmiz-ʃoz-dy]
言而有信。

绕口集训

① Le **cuistot réchauffe** du **potage** pour les **soldats**.
炊事兵为士兵们把汤重新热一热。

重点单词

cuistot	[kЧisto]	n.	炊事兵，厨子
réchauffer	[reʃofe]	v.	重新加热
potage	[pɔtaʒ]	n.	汤
soldat	[sɔlda]	n.	士兵

② **Notez** le **numéro** de **téléphone**, s'il vous plaît.
请记下电话号码。

重点单词

noter	[nɔte]	v.	记下
numéro	[nymero]	n.	号码
téléphone	[telefɔn]	n.	电话

③ **Aurore porte** un **collier** en **or**.
欧罗勒戴着一条金项链。

III. 音素・6. [o] & [ɔ]

重点单词

Aurore	[orɔr]	n.p.	欧罗勒(女名)
porter	[pɔrte]	v.	戴
collier	[colie]	n.	项链
or	[ɔr]	n.	黄金

单词集训

nos	[no]	adj. 我们的	bol	[bɔl]	n. 碗
rose	[roz]	n. 玫瑰	sonner	[sɔne]	v. 按铃
vos	[vo]	adj. 你们的	moquer	[mɔke]	v. 嘲笑
cause	[koz]	n. 原因	note	[nɔt]	n. 笔记
repos	[repo]	n. 休息	or	[ɔr]	n. 金子
beau	[bo]	adj. 美丽的	nord	[nɔr]	n. 北面

短语集训

- *l'eau* [lo] *chaude* [ʃod]
  热水
- dire de *jolies* [ʒɔli] *choses* [ʃoz]
  甜言蜜语
- *grosso modo* [grosomɔdo]
  大体上(大致)
- serpent à *sonnette* [sɔnɛt]
  响尾蛇
- feuille *d'or* [dɔr]
  金箔

33

法语 入门速成班

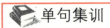 单句集训

- Il fait **beau** [bo] **aujourd'hui** [oʒurdɥi].
  今天天气晴朗。
- Quelqu'un **sonne** [sɔn] à la **porte** [pɔrt].
  有人在按门铃。
- Le **sort** [sɔr] en est jeté.
  大势已定。
- Laissez-moi en **repos** [r(ə)po].
  让我安静些。

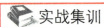 实战集训

A : A **propos** [prɔpo], quelle date **sommes** [sɔm]-nous?
顺便问一下，今天几号？
B : Nous **sommes** [sɔm] le 7 février.
今天是 2 月 7 日。

 每日一练

▷ [o]

① Il n'y a pas d'effet sans **cause**.
没有无因之果。
② Paul est un **chauffeur** du dimanche.
保尔是个蹩脚的司机。
③ Il ne **dort** pas, mais il se **repose**.
他没睡着，只是在休息。
④ C'est mon dernier **mot**.
我再也不让步了。

⇨ [ɔ]

① Ne te casse pas le **bol**.
别把碗打碎了。
② **Do**minique a été **no**mmé l'**o**fficier d'état-ma**jo**r.
多米尼克被任命为参谋长。
③ Il se fâche sans m**o**tif.
他发起了无名火。
④ Le s**o**leil brille pour tout le monde.
太阳之光人皆享之。(天下为公)

⇨ [o] vs. [ɔ]

① Nous devons prendre le **tau**reau par les **co**rnes.
我们要迎难而上。
② C'est un **ro**man à l'**eau** de **ro**se.
这是部以公式化的大团圆为结局的爱情小说。

7. [ɛ̃] & [œ̃]

读音规则

[ɛ̃] [ɛ̃]是同[ɛ]相对应的鼻化元音，发音部位同[ɛ]，但气流同时从口、鼻腔外出。

[œ̃] [œ̃]是同[œ]相对应的鼻化元音，发音部位同[œ]，舌尖抵下齿，双唇突出略呈圆形，开口度近似[œ]，气流同时从口、鼻腔外出。

音	拼写说明		单词举例
[ɛ̃]	1.in，n 后面不能有元音字母或m,n		vin, indice
	2.im，m 后面不能有元音字母或m,n，但个别词例外。		imbre,importer, (例外：immangeable,mmanquable 两词 i 中 im 也读[ɛ̃])
	3.ain, aim		pain, faim
	4.ein		frein
	5.yn,ym		syncope, sympathique
	6.en	1)在字母 i 后	bien,rien(例外：在 science, orient, inconvénient 等词中 en 读成[ɑ̃])
		2)在字母 é 后	européen
		3)在某些拉丁文和外来词中	examen, agenda
		4)在某些专有名词中	Agen, Stendhal
[œ̃]	1.un, um 且后面没有元音字母或m,n		chacun, parfum
	2.eun 在个别词中		jeun

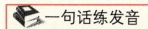 一句话练发音

Chacun travaille de ses mains.
[ʃakœ̃-travaj-də-se-mɛ̃]
人人动手。

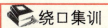 绕口集训

① **Un singe** fait mille **singeries**.
一只猴子做出种种滑稽的动作。

重点单词

un	[œ̃]	a.	一，一个
singe	[sɛ̃ʒ]	n.	猴子
singerie	[sɛ̃ʒri]	n.	种种滑稽的动作

② Le **peintre peind** le **train** avec le **brun**.
这位画家用褐色颜料画火车。

重点单词

peintre	[pɛ̃tr]	n.	画家
peindre	[pɛ̃dr]	v.	画画
train	[trɛ̃]	n.	火车
brun	[brœ̃]	n.	褐色，褐色颜料

③ Ce **gamin** est **un malin.**
这个家伙很机灵。

法语 入门速成班

重点单词

gamin	[gamɛ̃]	n.	孩子
un	[œ̃]	a.	一个
malin	[malɛ̃]	v.	机灵

单词集训

rien	[rjɛ̃]	n. 微不足道的事物	parfum	[parfœ̃]	n. 香水
sympathique	[sɛ̃patik]	n. 热情的	humble	[œ̃bl]	a. 谦虚的
timbre	[tɛ̃br]	n. 邮票	lundi	[lœ̃di]	n. 星期一
magasin	[magazɛ̃]	n. 商店	quelqu'un	[kɛlkœ̃]	n. 某人
faim	[fɛ̃]	n. 饥饿	chacun	[ʃakœ̃]	n. 每个人
teint	[tɛ̃]	n. 脸色	à jeun	[aʒœ̃]	adv. 空腹

短语集训

- un ***rien*** [rjɛ̃] de temps
  一会儿
- un homme ***humble*** [œ̃l]
  一个谦虚的人
- le ***vin*** [vɛ̃] rouge
  红葡萄酒
- ***parfum*** [parfœ̃] de rose
  玫瑰香水
- vivre en ***plein*** [plɛ̃] air
  过野外生活

单句集训

- Il a un rendez-vous à **lundi** [lœ̃] **matin** [matɛ̃].
  他星期一上午有个约会。

III. 音素 · 7. [ɛ̃] & [œ̃]

- C'est **un** [œ̃] **singe** [sɛ̃ʒ].
  这是只猴子。
- Il est venu **quelqu'un** [kɛlkœ̃] que je connais bien.
  来了一个我熟悉的人。
- Elle **peind** [pɛ̃] au **pinceau** [pɛ̃so].
  她用画笔画画。

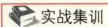实战集训

A: J'ai **faim** [fɛ̃], et toi?
我饿了，你呢？
B : Moi aussi. J'étais **à jeun** [aʒœ̃] pour aller passer la visite médicale ce matin.
我也饿了。我今早空腹去体检的。

每日一练

➪ [ɛ̃]

① Nous partons **dem**ain **mat**in**.**
我们将在明天早上出发。
② Chat échaudé **craint** l'eau froide.
被开水烫过的猫怕冷水。（一朝被蛇咬，十年怕草绳）
③ C'est un roman **plein** d'**intérêt**.
这是本充满趣味的小说。
④ Il **entretient** des correspondances avec ses **copains** d'enfance.
他和他儿时的伙伴保持着联系。

➪ [œ̃]

① **Verdun** est une ville du nord-est de la France.
凡尔登是一座位于法国东北部的城市。

② Ces deux amis ne font **qu'un**.
这两个朋友好得像一个人一样。
③ Oh, tu t'es mis trop de **parfum**.
噢，你往自己身上洒太多香水了。
④ Cette fille a des cheveux **bruns**.
这女孩有着一头褐色头发。

➡ **[ɛ̃] vs. [œ̃]**

① Son **cousin** se croit toujours **quelqu'un**.
她表弟总是自以为是。
② Il a l'habitude de boire un verre de **vin** tous les **lundi matin**.
他习惯每个星期一早上都喝一杯酒。

8. [ɑ̃] & [ɔ̃]

读音规则

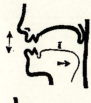

[ɑ̃] 发音部位近似[a]，但舌要略向后缩，开口度略大，气流同时从口、鼻腔外出。

[ɔ̃] 口形同[o]，但舌离开下齿龈，略向后缩，气流同时从口、鼻腔外出。

音	拼写说明	单词举例
[ɑ̃]	1.en，n后不能有元音字母或n，但在词首除外。	dent, ennui(例外：ennemi 读成[ɛnmi])
	2.em，m后不能有元音字母或m，但在词首除外。	temps, emmener
	3.an，am且后面不能有元音字母或m、n	chant, champ
	4.aon 在个别词中	paon
[ɔ̃]	1.on，om且后面没有元音字母或m,n	bon, nom
	2.um, un 在某些拉丁文中	acupuncture, lumbago

一句话练发音

Mon oncle est un employé de banque.
[mɔ̃-nɔ̃kl-ɛ-tœ̃-nɑ̃plwaje-de-bɑ̃k]
我叔叔是位银行职员。

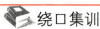 绕口集训

① **Maman chante** souvent cette **chanson** en travaillant.
妈妈经常在劳动的时候唱这首歌。

重点单词

maman	[mamɑ̃]	n.	妈妈
chanter	[ʃɑ̃te]	v.	唱歌
chanson	[ʃɑ̃sɔ̃]	n.	歌曲

② Le **vent** est **tombé**.
风停了。

重点单词

vent	[vɑ̃]	n.	风
tomber	[tɔ̃be]	v.	减弱；跌倒；掉下

③ **On** le **pense** depuis **longtemps**.
人们很久以来就这样认为。

重点单词

On	[ɔ̃]	pr.pers.	人们

| penser | [pɑ̃se] | v. | 认为 |
| longtemps | [lɔ̃tɑ̃] | adv. | 很长时间 |

单词集训

chance	[ʃɑ̃s]	n. 机会	mouton	[mutɔ̃]	n. 绵羊
vent	[vɑ̃]	n. 风	non	[nɔ̃]	adv. 不
temps	[tɑ̃]	n. 时间	nom	[nɔ̃]	n. 姓名
champ	[ʃɑ̃]	n. 田野	bon	[bɔ̃]	a. 好的
entendre	[ɑ̃tɑ̃dr]	v. 听见	long	[lɔ̃]	a. 长的
paon	[pɑ̃]	n. 孔雀	pantalon	[pɑ̃talɔ̃]	n. 长裤

短语集训

- le *ton* [tɔ̃] *montant* [mɔ̃tɑ̃]
  升调
- *tenter* [tɑ̃te] sa *chance* [ʃɑ̃s]
  碰运气
- faire un *songe* [sɔ̃ʒ]
  做个梦
- *pantalon* [pɑ̃talɔ̃] de dame
  女式长裤
- *paon* [pɑ̃] qui fait la roue
  孔雀开屏

单句集训

- Qui n'*entend* [ɑ̃tɑ̃] qu'une cloche n'*entend* [ɑ̃tɑ̃] qu'un son [sɔ̃].
  兼听则明，偏听则暗。
- Je **tremble** [trɑ̃bl] pour sa **santé** [sɑ̃te].
  我为他的健康感到担心。

- **Bon** [bɔ̃] courage!
  加油!
- Tous les matins, elle **embrasse** [ɑ̃bras] **son** [sɔ̃] **enfant** [ɑ̃fɑ̃] **avant** [avɑ̃] d'aller au travail.
  她每天早上去上班前都拥抱一下她的孩子。

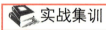 实战集训

A: Voulez-vous un peu de jus d'**orange** [ɔrɑ̃ʒ]?
   你要来点橙汁吗?
B: **Non** [nɔ̃], merci.
   不了,谢谢。

 每日一练

> [ɑ̃]

① Ces **enfants** **anglais** parlent bien le **français**.
  这些英国孩子法语说得很好。
② Elle **emmène** ses **enfants** à la **campagne** tous les **printemps**.
  她每年春天都带她的孩子们到乡下去。
③ Il dépose son **argent** **en** **banque**.
  他把钱存在银行里。
④ Il se **défend** d'avoir **emporter** ce **roman**.
  他否认拿走了这本小说。

> [ɔ̃]

① La foire n'est pas sur le **pont**.
  事情并不紧迫。
② Il faut **songer** à partir.
  该考虑动身出发了。

③ Mon père me fait **don** de ce livre.
   我父亲送我这本书作礼物。
④ **Revenons** à nos **moutons**.
   言归正传。

⇨ [ɑ̃] vs. [ɔ̃]

① **S**o**nge**, **mens**o**nge**.
   梦境非真。
② Le soleil **lance** des **rayons**.
   太阳放射出光芒。

9. [p] & [b]

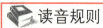 读音规则

[p] 发音时双唇闭拢，形成阻塞，气流从口腔冲出，声带不振动，类似英语中[p]的发音，但在元音前不送气，在音节末则送气。

[b] 发音方法同[p]，但声带振动，类似英语中[b]的发音。

音	拼写说明	单词举例
[p]	1. p, pp	père, apporter
	2. -p 在少数外来词末	cap, stop
[b]	1. b, bb	bain, abbé
	2. -b 在少数外来词末	club

 一句话练发音

Papa prend du tabac.
[papa-prã-dy-tabak]
爸爸吸鼻烟。

 绕口集训

① La Seine **baigne Paris**.
塞纳河流经巴黎。

重点单词

baigner	[bɛɲe]	v.	流经
Paris	[pari]	n.	巴黎

② C'est le **poisson** et non la **boisson** qui a du **poison**.
　是这鱼而不是饮料有毒。

重点单词

poisson	[pwasõ]	n.	鱼
boisson	[bwasõ]	n.	饮料
poison	[pwazõ]	n.	毒

③ Il n'y a **pas** de **balais** dans le **palais**.
　在宫殿里没有扫帚。

重点单词

pas	[pa]	adv.	没有
balai	[balɛ]	n.	扫帚
palais	[palɛ]	n.	宫殿

单词集训

pain	[pɛ̃]	n. 面包		bain	[bɛ̃]		n. 洗澡
pipe	[pip]	n. 烟斗		bassin	[basɛ̃]		n. 水池
passer	[pase]	v. 经过		bout	[bu]		n. 末端
petit	[pəti]	a. 小的		boutique	[butik]		n. 商店
peau	[po]	n. 皮肤		botte	[bɔt]		n. 长统靴
apporter	[apɔrte]	v. 带来		abbaye	[abei]		n. 修道院

短语集训

- ***bassin*** [basɛ̃] de ***pisciculture*** [pisikyltyr]
  养鱼池
- un ***bout*** [bu] de ***pain*** [pɛ̃]
  一块面包
- laisser ***passer*** [pase]
  允许通过
- le ***petit*** [pəti] ***personnage*** [pɛrsɔnaʒ]
  小人物
- tomber sur ses ***bottes*** [bɔt]
  精疲力尽

单句集训

- **Point** [pwɛ̃] de roses sans **épines** [epin].
  哪有玫瑰不带刺。（有乐必有苦）
- Je vais **beaucoup** [boku] mieux.
  我的身体好多了。
- Excusez mon **peu** [pø] de mémoire.
  请原谅我记性不好。
- Elle s'est **bouclée** [bukle] dans sa chambre.
  她把自己关在房间里。

实战集训

A : Pouriez-vous me donner le **panier** [panje] à **bouteille** [butɛj]?
您能把那装瓶子的篮子递给我吗？
B : **Pas** [pa] de **problème** [prɔblɛm].
没问题。

III. 音素 · 9. [p] & [b]

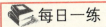每日一练

⇨ [p]

① Je vous demande une **petite** minute.
我打扰您一会儿。
② Oh, je suis **près** de mes **pièces**.
噢，我几乎没钱了。
③ Soyez **patient**!
耐心点！
④ Il aime se **promener** dans le **Palais** d'été.
他喜欢在颐和园散步。

⇨ [b]

① Tu as **abusé** de la complaisance de tes amis.
你辜负了你朋友们的好意。
② Il fera **beau** quand je le reverrai.
我再也不想见到他。
③ Le vent fait **battre** les volets.
风吹得窗扉摇撞。
④ Ce malade est **bien bas**.
这病人已奄奄一息。

⇨ [p] vs. [b]

① Le **budget** a été voté **par** le comitée.
预算经委员会通过了。
② Au **besoin**, tu **pourras** me trouver chez moi demain.
有必要时，你明天可以到我家来找我。

10. [t] & [d]

 读音规则

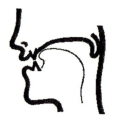

[t] 发音时舌尖抵上齿与上齿龈之间，形成阻塞，声带不振动，近似英语[t]。[t]与[p]一样，在元音前不送气，在音节末则要送气。

[d] 发音方法与[t]相同，但声带要振动，类似英语中[d]的发音。

音	拼写说明	单词举例
[t]	1. t, tt	tête, attendre
	2. th	thème
	3. -t 在少数词末	direct, exact
[d]	1. d, dd	dire, addition
	2. -d 在少数词末	sud, Madrid

 一句话练发音

Il a donné tête baissée dans le panneau.
[i-la-dɔne-tɛt-bɛse-dɑ̃-le-pano]
他冒冒失失地上了圈套。

绕口集训

① **Santé** n'est pas sans *t*, mais **maladie** est sans *t*.
"健康"一词中有字母"t",而"生病"一词中则没有"t"。

重点单词

santé	[sɑ̃te]	n.	健康
maladie	[maladi]	n.	生病

② Le **directeur** est en **retard**.
领导迟到了。

重点单词

directeur	[dirɛktœr]	n.	领导
retard	[rəetar]	n.	迟到

③ Il a **ouvert** ses **cadeaux** et nous avons **mangé** le **gâteau**.
他先打开了礼物,我们再吃了蛋糕。

重点单词

ouvrir	[uvrir]	v.	打开
cadeau	[kado]	n.	礼物
manger	[mɑ̃ʒə]	v.	吃饭
gâteau	[gato]	n.	蛋糕

单词集训

tête	[tɛt]	n. 头		date	[dat]	n. 日期
taper	[tape]	v. 敲打		dent	[dɑ̃]	n. 牙齿
thé	[te]	n. 茶		dire	[dir]	v. 说
texte	[tɛkst]	n. 文本		adresse	[adrɛs]	n. 地址
tort	[tɔr]	n. 过错		discours	[diskur]	n. 演讲
exact	[ɛgzakt]	a. 正确的		addition	[adisjɔ̃]	n. 增加

短语集训

- ***tenir*** [tenir] un ***discours*** [diskur]
  发表演说
- ***dents*** [dɑ̃] de lait
  乳牙
- ***définition*** [definisjɔ̃] ***exacte*** [ɛgzakt]
  准确的定义
- avoir ***tort*** [tɔr]
  错了
- ***thé*** [te] noir
  红茶

单句集训

- Nous n'avions pas prévu le **retard** [retar] du **train** [trɛ̃] au **départ** [depar].
  我们起初没有预料到火车晚点。
- Elle va au **théâtre** [teatr] **tous** [tu] les **samedie** [samdi] soirs.
  她每星期六晚上都上剧院看戏。
- **Dis** [di]-moi qui **tu** [ty] **hantes** [ɑ̃t], je **te** [te] **dirai** [dire] qui **tu** [ty] es.
  从其交友，知其为人。
- **Tout** [tu] **métier** [metje] **doit** [dwa] **rapporter** [rapɔrte].
  行行出状元。

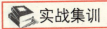 实战集训

A: Quelle **date** [dat] sommes-nous?
今天几号？
B: Nous sommes le **huit** [ɥit].
今天 8 号。

每日一练

➪ [t]

① Je suis **étonné** qu'il **tienne** de **tels** propos.
我很惊奇他说出这样的话。
② Les enfants me cassent la **tête**.
这些孩子们闹得我都疼了。
③ C'est lui qui m'a dit de faire de la **sorte**.
是他让我这样做的
④ Il a **tout tenté** pour réussir.
为了成功，他什么办法都试过了。

➪ [d]

① Que le **diable** l'emporte.
让他见鬼去吧。
② Je vous le laisse à **deviner**.
这事你自己猜吧。
③ Il ne veut pas **dévoiler** ses intentions.
他不愿公开他的意图。
④ Est-ce que vous avez son **adresse**?
你有他的地址吗？

➡ **[t] vs. [d]**

① Le **th**ème de son **d**iscours est sur la cul**t**ure.
他演讲的主题是关于文化。

② Votre **th**éorie **d**écolle **d**e la réali**t**é.
你的理论脱离现实了。

III. 音素・11. [k] & [g]

11. [k] & [g]

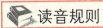 读音规则

[k] 发音时舌尖抵下齿，舌面抬起，抵上腭后部，形成阻塞，气流从口腔冲出，声带不振动，类似英语[k]的发音。

[g] 发音方法与[k]相同，但声带振动。近似英语中[g]的发音。

音	拼写说明	单词举例
[k]	1.c, cc 在字母 a,o,u 和辅音字母前	carte, comme, cultiver, crème
	2.-c 在词末	avec, sac
	3.k	kilomètre
	4.qu	qui, quel
	5.-q 在个别词末	cinq, coq
	6.ch 在字母 r,n 前	Chrétien, technique
[g]	1.g 在字母 a,o,u 和辅音字母前	gare, gorge, augmenter
	2.-g 在少数词末	zigzag
	3.gu 在字母 e,i,y 前	guerre, guide
	4.c 在个别词中	second

 一句话练发音

Elle va à la gare avec son sac.
[εl-va-a-la-gar-avεk-sɔ̃-sak]
她带着她的手提袋去火车站。

绕口集训

① Ce **garçon** se **gâte** par ses mauvais **copains**.
这男孩被他那些坏伙伴带坏了。

重点单词

garçon	[garsɔ̃]	n.	男孩
se gâter	[se-gate]	v.	变坏
copain	[kɔpɛ̃]	n.	伙伴

② Le **gâteau** est un **cadeau** pour les **gamins**.
这蛋糕是给孩子们的礼物。

重点单词

gâteau	[gato]	n.	蛋糕
cadeau	[kado]	n.	礼物
gamin	[gamɛ̃]	n.	孩子，儿童

③ **Gaston** voudrait **goûter** quelques **cacahouètes**.
加斯通想尝尝几颗花生。

重点单词

Gaston	[gastɔ̃]	n.p	加斯通（男名）
goûter	[gute]	v.	尝
cacahouète	[kakawɛt]	n.	花生

III. 音素・11. [k] & [g]

📖 单词集训

courage	[kuraʒ]	n. 勇气	guerre	[gɛr]	n. 战争
coq	[kɔk]	n. 公鸡	goutter	[gute]	v. 滴水
cabinet	[kabinɛ]	n. 小房间	bague	[bag]	n. 戒指
cas	[ka]	n. 情况	augmenter	[ɔgmɑ̃te]	v. 增加
qui	[ki]	pron. 谁	gai	[gɛ]	n. 高兴
avec	[avɛk]	prép. 和……一起	guide	[gid]	n. 导游

📖 短语集训

- ***conduire*** [kɔ̃dɥir] à grandes ***guides*** [gid]
  快速行驶 / 生活奢华
- être dans le même ***cas*** [ka]
  同舟共济
- avoir bon ***coeur*** [kœr]
  好心肠
- faire ***galerie*** [galri]
  当旁观者
- ***casser*** [kase] le bail
  离婚

📖 单句集训

- Vous faites **quoi** [kwa] ce soir?
  您今晚干什么?
- C'est année, la jupe rouge est en **vogue** [vɔg].
  今年流行红裙子。
- Le service est-il **compris** [kɔ̃pri]?
  服务费包括在里面吗?

Savez-vous manier les **baguettes** [baɡɛt]?
您会用筷子吗?

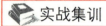
实战集训

A: **Combien** [kɔ̃bjɛ̃] **coûtent** [kut] ces **gants** [gɑ̃]?
这对手套多少钱?
B: **Quatre** [katr] euros.
四欧元。

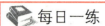
每日一练

▷ [k]

① Erreur n'est pas **compte**.
错误总是可以改正的。
② J'ai **commis** cette affaire à vos soins.
我已将此事托付给您照顾了。
③ On **connaît** l'homme à ses **actes**.
观其行而知其人。
④ Il est la **copie** de son père.
他和他父亲长得一模一样。

▷ [g]

① C'est toujours la même **guitare.**
老是那一套(老生常谈)。
② Prenez **garde** à bien écouter ce qu'il vous dira.
您得留意听他对您说些什么。
③ Je te **garantis** qu'il viendra.
我可以向你保证他会来的。

④ Je **grille** de le voir.
我渴望能见到他。

⇨ **[k] vs. [g]**

① Il a obtenu **l'agrément** de la direction pour ce **congé**.
他已得到领导同意准假。
② La **campagne** est **gorgée** de soleil.
田野沐浴在阳光中。

12. [f] & [v]

 读音规则

[f] 发音时上门齿抵住下唇，下唇略向内卷，气流通过唇齿之间的缝隙冲出，声带不振动，同英语[f]。

[v] 发音方法同[f]，但声带振动，同英语[v]。

音	拼写说明	单词举例
[f]	1.f, ff	femme, effet
	2.-f	neuf
	3.ph	téléphone
[v]	1.v	vain, vin
	2.w	wagon

 一句话练发音

La fille défarde son visage.
[la-fij-defard-sɔ̃-vizaʒ]
女孩抹去自己脸上的脂粉。

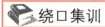 绕口集训

① Sa **femme** a une **vie** aux **aventures fabuleuses**.
他妻子的一生充满传奇般的经历。

III. 音素 · 12. [f] & [v]

> 重点单词

femme	[fam]	n.	妻子
vie	[vi]	n.	生活
aventure	[avɑ̃tyr]	n.	奇遇
fabuleux, se	[fabylø, -z]	a.	传奇的

② Ce **professeur** est **facile** à **vivre**.
这位教授很容易相处。

> 重点单词

professeur	[prɔfɛsœr]	n.	教授；老师
facile	[fasil]	a.	容易的
vivre	[vivr]	v.	生活

③ Rien ne **vaut** de vraies **fraises** de **France**.
什么都不如正宗的法国草莓好吃。

> 重点单词

valoir	[valwar]	v.	值得
fraise	[frɛz]	n.	草莓
France	[frɑ̃s]	n.	法国

> 单词集训

façon	[fasɔ̃]	n. 方式	écrivain	[ecrivɛ̃]	n. 作家
fièvre	[fijɛvr]	n. 发烧	vache	[vaʃ]	n. 母牛
effort	[efɔr]	n. 努力	vide	[vid]	a. 空的
photo	[fɔto]	n. 照片	viser	[vize]	v. 瞄准
physique	[fizik]	n. 物理	wagon	[vagɔ̃]	n. 车厢

61

法语 入门速成班

défendre [defãdr]　　*v.* 捍卫　　vaisseau [vɛso]　　*n.* 军舰

短语集训

- homme *valide* [valid]
  强健的人
- prendre une *photo* [fɔtɔ]
  拍一张照片
- *avoir* [avwar] la *vedette* [vedɛt]
  成为头条新闻
- *faire* [fɛr] tous ses *efforts* [efɔr]
  竭尽全力
- *vers* [vɛr] *l'avant* [lavã]
  向前

单句集训

- Il s'*efface* [sefas] pour *éviter* [evite] le coup.
  他身子一侧，躲过一击。
- Le remède a **fait** [fɛ] son **effet** [efɛ].
  药物已发生作用。
- C'est une **vieille** [vjɛj] **ficelle** [fisɛl].
  这是个老奸巨滑的人。
- Il est **fier** [fjɛr] **d'avoir** [davwar] réussi.
  他因为获得成功而得意。

实战集训

A: Est-ce qu'il **faut** [fɔt] un **visa** [viza] pour aller en **France** [frãs]?
　　去法国需要签证吗？
B: Je pense que oui.
　　我想是的。

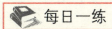 每日一练

➪ [f]

① Est-ce qu'il y a une **pharmacie** ouverte la nuit ici?
这里是否有夜间营业的药房?
② Il me **faut** des **frites** pour le **boeuf** ce soir.
今晚我需要薯条来配牛肉。
③ Je me **fais** couper les cheveux deux **fois** par mois.
我每月理发两次。
④ Comme un **cinéphile**, je **fréquente** le cinéma.
作为一个电影迷,我常常去看电影。

➪ [v]

① Il est en train de faire la **vaisselle**.
他正在洗餐具。
② Il est trop **nerveux**, c'est pourquoi il chante faux.
他太紧张了,所以唱走了调。
③ Il est parti en **voyage**.
他旅行去了。
④ **Avez-vous** fait **votre valise**?
您的行李收拾好了吗?

➪ [f] vs. [v]

① Les **avis** sont partagés sur ce **film**.
关于这部电影大家意见一致。
② **Sophie** aime le **café** au lait, mais moi, je **préfère** le thé **vert**.
苏菲喜欢牛奶咖啡,而我偏爱绿茶。

13. [s] & [z]

读音规则

[s] 发音时舌尖抵下门齿，上下牙床靠拢，舌前部和上齿龈之间形成窄缝，气流通过时发生摩擦，声带不振动，近似英语[s]。

[z] 发音方法与[s]相同，但声带振动，近似英语[z]。

音	拼写说明	单词举例
[s]	1. s	sembler, sentir
	2. s 在二元音字母之间，但在复合词的第二成份开头	vraisemblable, antisocial
	3. ss	essence, classe
	4. c 在字母 e,i,y 前	bicyclette, ceci
	5. ç 在字母 a,o,u 前	ça, leçon, perçu
	6. sc	science, conscience
	7. t 在字母 i 前	nation, patient
	8. x 在少数单词中	six, dix
[z]	1. z	zéro, zigzag
	2. s 在两个元音字母之间	rose, saison
	3. x 在个别词中	dixième

一句话练发音

Ce musée vaut vraiment une visite.
[sə-myze-vɔ-vrɛmɑ̃-yn-vizit]
这个博物馆真值得一看。

绕口集训

① Cette **usine** a été **construite** en 1950.
这家工厂建于1950年。

重点单词

usine	[yzin]	*n.*	工厂
construire	[kɔ̃strɥir]	*v.*	建造

② L'automne est la **saison** de la **moisson**.
秋天是收获的季节。

重点单词

saison	[sɛzɔ̃]	*n.*	季节
moisson	[mwasɔ̃]	*n.*	收获

③ **Ce serpent** ne **cesse** de **zigzaguer** de **façon bizarre**.
这条蛇以奇怪的方式不断地弯曲爬行。

重点单词

ce	[sə]	*adj.*	这，这些
serpent	[sɛrpɑ̃]	*n.*	蛇
cesser	[sese]	*v.*	不断地
zigzaguer	[zigzage]	*v.*	曲折而行
de façon	[də-fasɔ̃]	*adv.*	以……的方式
bizarre	[bizar]	*adj.*	奇怪

单词集训

sénat	[sena]	*n.* 参议院		satisfaisant	[satisfəzɑ̃]	*a.* 满意的

essence	[ɛsɑ̃s]	n. 本质	gazon	[gazɔ̃]	n. 草地
leçon	[ləsɔ̃]	n. 课程	Asie	[azi]	n. 亚洲
scène	[sɛn]	n. 舞台	zeste	[zɛst]	n. 果皮
santé	[sɑ̃te]	n. 健康	briser	[brize]	v. 打碎
bicyclette	[bisiklɛt]	n. 自行车	saisir	[sɛzir]	v. 抓住

短语集训

- ***brise*** [briz] de mer
  海风
- état de ***siège*** [sjɛʒ]
  戒严
- ***signature*** [siɲatyr] ***illisible*** [ilizibl]
  看不清楚的签名
- ***réciter*** [resite] sa ***leçon*** [ləsɔ̃]
  背书
- ***musée*** [myze] de ***sculpture*** [skyltyr]
  雕塑博物馆

单句集训

- La **sauce** [sos] vaut mieux que le **poisson** [pwasɔ̃].
  喧宾夺主。
- Quelle est votre **nationalité** [nasjɔ̃alite] d'origine?
  您原来是什么国籍?
- Ça [sa] vous ferait **plaisir** [plɛzir] de venir dîner à ma **maison** [mɛzɔ̃]?
  您肯赏光来我家吃饭吗?
- Avec **plaisir** [plɛzir].
  很高兴。

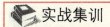 实战集训

A: **Monsieur** [məsjø], c'est votre **valise** [valiz]?
先生，这是您的手提箱吗？
B: Non, elle est à ma **soeur** [sœr].
不，这是我妹妹的。

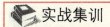 每日一练

▷ [s]

① Bon chien cha**ss**e de ra**c**e.
龙生龙，凤生凤，老鼠的儿子会打洞。
② Je voudrais acheter un bra**c**elet pour ma fian**c**ée.
我想为我未婚妻买一只手镯。
③ La Bour**s**e a bai**ss**é.
交易所股票跌了。
④ Je me **s**uis a**ss**uré contre l'in**c**endie.
我投保了火险。

▷ [z]

① Le ra**s**oir électrique dont vous avez be**s**oin est épui**s**é.
您需要的电动剃须刀卖完了。
② Pour moi, c'est **z**éro.
我毫不在乎这个。
③ Cette nouvelle nous **c**au**s**e de grandes joies.
这个消息使我们很高兴。
④ Il est pré**s**enté au Pré**s**ident.
他被引见给国家主席。

⇨ [s] vs. [z]

① **Ça n'e_x_iste** pas.
   这个不存在。

② Je ne sais pas faire de **phra_s_es**, je dis ce que je **pen_s_e**.
   我不会说漂亮话，我怎么想就怎么说。

14. [ʃ] & [ʒ]

📖 读音规则

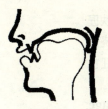

[ʃ] 发音时舌尖向后上方翘起，与上颚后部轻触，形成窄缝，气流通过时形成摩擦，双唇略突出呈圆形，声带不振动，近似英语[ʃ]。

[ʒ] 发音方法同[ʃ]，但声带振动，同英语[ʒ]。

音	拼写说明	单词举例
[ʃ]	1. ch	chance, chanson
	2. sh 外来词	show, shift
	3. sch	schéma, schème
[ʒ]	1. j	je, jardin
	2. g 在字母 e,i,y 前	agiter, gymnastique
	3. ge 在字母 a,o,u 前	geôle, gageure

📖 一句话练发音

J'aime manger chaud.
[ʒɛm-mɑ̃ʒe-ʃo]
我喜欢吃热的。

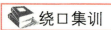 绕口集训

① Le **forgeron** a **chauffé** du fer au **rouge**.
铁匠把铁烧红了。

重点单词

forgeron	[fɔrʒərɔ̃]	n.	铁匠
chauffer	[ʃofe]	v.	烧热
rouge	[ruʒ]	n.	红色

② George se mets en **chemin** avec son **chèque** de **voyage**.
乔治带着他的旅行支票出发上路。

重点单词

chemin	[ʃəmɛ̃]	n.	道路
chèque	[ʃɛk]	n.	支票
voyage	[vwajaʒ]	n.	旅行

③ Je veux me faire pousser les **cheveux** jusqu'aux **chevilles**.
我想要让我的头发长到我的脚踝。

重点单词

cheveu	[ʃəvø]	n.	头发
jusque	[ʃɥsk]	adv.	直到
cheville	[ʃəvij]	n.	踝骨

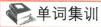 单词集训

| cheveu | [ʃəvø] | n. 头发 | je | [ʒə] | pron. 我 |

III. 音素・14. [ʃ] & [ʒ]

acheter	[aʃəte]	v. 购买	agiter	[aʒite]	v. 摇动
poche	[pɔʃ]	n. 口袋	geler	[ʒəle]	v. 结冰
shock	[ʃɔk]	n. 休克	géant	[ʒeɑ̃]	n. 巨人
tâche	[taʃ]	n. 任务	jeter	[ʒəte]	v. 扔
chic	[ʃik]	n. 雅致	gorge	[gɔrʒ]	n. 喉咙

短语集训

- *cheveux* [ʃəvø] au vent
  披头散发
- *agir* [aʒir] en homme d'honneur
  举止光明磊落
- remplir sa *tâche* [taʃ]
  完成任务
- abattre son *jeu* [ʒø]
  摊牌
- payer de *sa poche* [pɔʃ]
  自己掏腰包付钱

单句集训

- Est-ce que vous vous **couchez** [kuʃe] tôt?
  你都是早睡吗?
- Qu'est-ce que l'on **joue** [ʒu] au théâtre **aujourd'hui** [oʒurdɥi]?
  剧院今天上演什么?
- Il présente son projet en un **schéma** [ʃema].
  他以提纲的形式提出他的计划。
- **Je** [ʒə] fais de la **gymnastique** [ʒimnastik] tous les **dimanche** [dimɑ̃ʃ].
  我每个星期天都做体操。

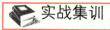

实战集训

A: Tu veux boire quelque **chose** [ʃoz]?
　你要不要喝点什么?
B: Un **gin** [dʒin], s'il te plaît.
　一杯杜松子酒吧，谢谢。

每日一练

➪ [ʃ]

① Il a des **cheveux** bruns.
　他有棕色头发。
② Je voudrais voir quelques **échantillons** de **cachemire**.
　我想看看羊绒的样品。
③ Vous prenez un bain ou une **douche**?
　您洗盆浴还是淋浴?
④ Je vais vous **chercher** à la gare.
　我到火车站去接您。

➪ [ʒ]

① **Gérard** est (un) **végétarien**.
　吉拉尔是个素食者。
② Y a-t-il de la glace dans le **réfrigérateur**?
　冰箱里有冰激凌吗?
③ **Ajoutez** un couvert, s'il vous plaît.
　请加一副餐具。
④ Quoi de nouveau dans le **journal d'aujourd'hui**?
　今天报上有些什么?

➪ [ʃ] vs. [ʒ]

① Ton **chapeau orange** est bien **joli**.
你那橙色帽子很漂亮。
② Il prépare ses **bagages** dans sa **chambre**.
他在房间里整理行装。

15. [l] & [r]

读音规则

[l] 发音时舌尖抵上齿龈，形成阻塞，声带振动，气流从舌头两侧流出，软颚上升，鼻腔堵塞，近似英语[l]。

[r] 舌尖抵下齿，舌后部略抬起，靠近软颚和小舌，小舌放松下垂，气流通过时发生摩擦，声带振动。[r]是法语中使用频率很高，而又比较难发的音，在英语和汉语中都没有与之相对应的音。练习发该音时，可含一口水在口中，模仿漱口时的动作，体会小舌发音的情况。

音	拼写说明	单词举例
[l]	1. l, ll	le, elle
	2. -l 在词末	cel, il(但下列词中l不发音：gentil, outil, sourcil, nombril)
[r]	1. r, rr	dire, guerre
	2. -r 在词末	car, fer

一句话练发音

Elle rit des plaisanteries.
[ɛl-ri-de-plɛzɑ̃tri]
她听了笑话而发笑。

III. 音素・15. [l] & [r]

绕口集训

① La **boulangerie risque** d'être fermée.
面包铺可能已经关门了。

重点单词

boulangerie	[bulɑ̃ʒri]	n.	面包铺
risquer	[riske]	v.	冒……的危险

② Pierre **porte** la **calotte**.
皮埃尔戴瓜皮帽。

重点单词

porter	[pɔrte]	v.	穿戴
calotte	[kalɔt]	n.	瓜皮帽

③ **Laura** aura-t-elle son **baccalauréat**?
娄拉将要参加业士学位考试吗？

重点单词

Laura	[lora]	n.p	娄拉（女名）
baccalauréat	[bakalɔrea]	n.	（法国）业士学位考试

单词集训

melon	[məlɔ̃]	n. 甜瓜		arriver	[arive]	v. 到达
final	[final]	a. 最后的		arc	[ark]	n. 弓
balcon	[balkɔ̃]	n. 阳台		tarte	[tart]	n. 奶油水果馅饼

lever	[ləve]	n. 抬起		camarade	[camarad]	n. 同志
sol	[sɔl]	n. 土壤		phare	[far]	n. 灯塔
lire	[lir]	v. 阅读		carte	[kart]	n. 卡片

短语集训

■ *tarte* [tart] aux pommes
苹果馅饼

■ *bonheur* [bɔnœr] sans *mélange* [melɑ̃ʒ]
圆满的幸福

■ *mourir* [murir] à la *peine* [pɛn]
劳累而死

■ *herbe* [ɛrb] *drue* [dry]
茂密的草

■ *mal* [mal] de *mer* [mɛr]
晕船

单句集训

■ Je suis **désolé** [dezɔle], cette **paire** [pɛr] de **chaussures** [ʃosyr] est trop grandes **pour** [pur] moi.
很遗憾，这双鞋对我来说太大了。

■ Je me **rase** [raz] avec un **rasoir** [razwar] **électrique** [elektrik].
我用电动剃须刀剃胡子。

■ Cet **artiste** [artist] est **l'idole** [lidɔl] du public.
这位艺术家是观众的偶像。

■ Le climat de cette **région** [reʒjɔ̃] est très **favorable** [favɔrabl] à **la** [la] **culture** [kyltyr] du **riz** [ri].
这个地区的气候非常适宜水稻种植。

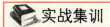 实战集训

A: Que pensez-vous de ce **film** [film]?
您觉得这部电影怎么样?
B: C'est un **film** [film] à **voir** [vwar].
这部电影值得一看。

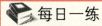 每日一练

▷ [l]

① **Il** va à **l'école** du **lundi** au samedi.
从星期一到星期六他去上学。
② Je suis **désolé**, Monsieur, ce **livre** est épuisé depuis **longtemps**.
很抱歉,先生,这本书很久以前就卖完了。
③ **La L**une est **le** sate**ll**ite de **la** Terre.
月亮是地球的卫星。
④ **Il** est doué pour **les langues**.
他学语言是有天分的。

▷ [r]

① Quand est-il **arrivé**?
他什么时候到达?
② Il est dix heu**r**es du soi**r**.
现在是晚上十点整。
③ Les feuilles des a**r**b**r**es **r**eve**r**dissent au p**r**intemps.
春天树叶又绿了。
④ Tu **r**êves au lieu de **r**éfléchi**r**.
你是在幻想而不是在思考。

➪ [l] vs. [r]

① Le **l**ion i**rr**ité hé**r**isse sa c**r**injè**r**e.
  被激怒的狮子竖起了鬣毛。

② **La L**une tou**r**ne autou**r** de **l**a Te**rr**e.
  月亮绕着地球转。

16. [m] &[n] & [ɲ]

 读音规则

[m] 发音时双唇闭拢，形成阻塞，软颚下降，气流从鼻腔流出，声带振动。

[n] 发音方法与[l]相同，只是气流同时从鼻腔中发出，声带振动。

[ɲ] 发音时舌尖用力抵下齿和下齿龈，舌面抬起接触硬颚中部，形成阻塞，软颚下降，气流从鼻腔流出。

音	拼写说明	单词举例
[m]	1. m, mm	maman, pomme
	2. -m 在少数词末	maximum
[n]	1. n, nn	nom, année
	2. mn	automne
[ɲ]	gn	gagner, champagne

 一句话练发音

Ma tante gagne sa vie à enseigner.
[ma-tɑ̃t-gaɲ-sa-vi-a-ɑ̃sɛɲe]
我婶婶以教书为生。

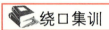

绕口集训

① **Nous montons** au **sommet** de la **montagne**.
我们登上山顶。

重点单词

nous	[nu]	*pron.*	我们
monter	[mɔ̃te]	*v.*	登上
sommet	[sɔme]	*n.*	顶峰
montagne	[mɔ̃taɲ]	*n.*	山

② Le **ministre nie** sa **signature**.
这位部长不承认自己的签名。

重点单词

ministre	[ministr]	*n.*	部长
nier	[nje]	*v.*	否认
signature	[siɲatyr]	*n.*	签名

③ **Ma femme** n'est-elle pas **mignonne**?
我的妻子难道不是娇小可爱的吗？

重点单词

ma	[ma]	*adj.*	我的
femme	[fam]	*n.*	妻子
mignon, ne	[miɲɔ̃, -ɔn]	*adj.*	娇小可爱

单词集训

pomme	[pɔm]	n. 苹果	noircir	[nwarsir]	v. 染黑
maximum	[maksimɔm]	n. 最多	nid	[ni]	n. 巢，窝
mourir	[murir]	v. 死亡	sonner	[sɔne]	v. 鸣响
mêler	[mele]	v. 掺和	noblesse	[nɔblɛs]	n. 高贵
vigneau	[viɲo]	n. 葡萄树	ligne	[liɲ]	n. 线
dignité	[diɲite]	n. 显要职位	gagner	[gaɲe]	v. 赢取

短语集训

- ***sonner*** [sɔne] l'***alarme*** [alarm]
  敲警钟
- ***mêler*** [mele] la bonhomie à la force
  软硬兼施
- mettre en ***ligne*** [liɲ] de compte
  考虑在内
- ***signe*** [siɲ] précurseur
  预兆
- ***pomme*** [pɔm] de terre
  土豆，马铃薯

单句集训

- J'***aime*** [ʒɛm] beaucoup le ***champagne*** [ʃɑ̃paɲ].
  我很喜欢喝香槟。
- Il a pris un ***comprimé*** [kɔ̃prime] ***d'aspirine*** [daspirin].
  他服了一片阿司匹林。
- Son ***imagination*** [imaʒinasjɔ̃] est en ***campagne*** [kɑ̃paɲ].
  他在胡思乱想。

■ Il **n'y** [ni] a si **bonne** [bɔn] **compagnie** [kɔ̃paɲi] qui ne se sépare.
天下无不散之筵席。

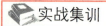实战集训

A: Qu'est-ce que le **mot** [mɔt]《year》**signifie** [siɲifi]?
"year"这个字是什么意思？
B: En anglais, le **mot** [mɔt]《year》**signifie** [siɲifi]
《 **année** [ane]》.
英语中，"year"这个词意即"年"。

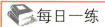每日一练

⇨ [m]

① Il a fait la **moue** à notre proposition.
他对我们的建议表示不满。
② Aux grands **maux** les grands **remèdes**.
重病要用重药医。
③ En quelle **manière** la chose s'est-elle passée?
事情的经过是怎样的？
④ Il est à **même maintenant** de faire son travail seul.
他现在能够独立工作了。

⇨ [n]

① **Nous** devons y mettre du **nôtre**.
我们应该齐心协力。
② Il fait frais et **non** froid.
天气凉爽而不冷。
③ Je vous souhaite **une bonne nui**t.
晚安。

④ A l'impossible, **nul** n'est **tenu**.
不要强人所难。

⇨ [ɲ]

① Il est né en **Espagne**, mais maintenant il habite en **Allemagne**.
他生在西班牙，但现在住在德国。
② Elle a laissé une nombreuse **lignée**.
她留下了许多子孙。
③ J'aime ces **vignettes** en fin de chapitre.
我喜欢这些章节末的小花饰。
④ Ces arbres **craignent** le froid.
这些树不耐寒。

⇨ [m] vs. [n] vs. [ɲ]

① **Nous teignons** le tissu en **marron**.
我们把这布料染成栗色。
② Les enfants **feignent** de **ne** pas entendre la **musique**.
孩子们假装没听见音乐声。

17. [pl] & [bl]

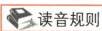 读音规则

　　法语中经常一个单词中出现两个、三个甚至四个辅音相连的现象，称之为辅音群。法语中共有 13 个主要的辅音群，分别为：[pl], [bl], [kl], [gl], [fl], [pr], [br], [tr], [dr], [kr], [gr], [fr], [vr]。发音方法上，两个不同的辅音在一起仍按各音素发音，发音时将两个辅音迅速连起来。由于两个辅音只占一个音位，所以中间过渡要非常迅速，不能加入其他音，也不能停顿。一个辅音群和一个音素的节奏长短是相等的，例如：[fl] 的发音时间和 [f] 相同。

　　在拼写上，辅音群的发音与字母拼写基本上是一一对应的，所以相对简单很多。

音	拼写说明	单词举例
[pl]	pl	plume, place
[bl]	bl	blesser, bleu

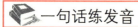 一句话练发音

 Elle se blesse d'une plaisanterie.
[εl-sə -blεs-dyn-plεzɑ̃tri]
她为一个笑话而感到不快。

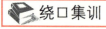 绕口集训

① Il y a un **plateau plat** sur la **table bleue**.
　在蓝色饭桌上有一只平底托盘。

III. 音素・17. [pl] & [bl]

重点单词

plateau	[plato]	n.	托盘
plat	[pla]	a.	平的
table	[tabl]	n.	饭桌
bleu	[blø]	a.	蓝色的

② Elle **pleure** sur sa **blessure**.
她为自己受到的伤害而哭泣。

重点单词

pleurer	[plœre]	v.	哭泣
blessure	[blɛsyr]	n.	伤害，伤口

③ Le **publique applaudit** cette **blague** à **pleines** mains.
观众为这个笑话热烈地鼓掌。

重点单词

publique	[pyblik]	n.	观众
applaudir	[aplodir]	v.	鼓掌
blague	[blag]	n.	笑话
à pleines mains	[a plɛn mɛ̃]	loc.	热烈地

单词集训

pleuvoir	[pløvwar]	v. 下雨		blé	[ble]	n. 小麦	
pluie	[plɥi]	n. 雨		favorable	[favɔrabl]	a. 好意的	
plonger	[plɔ̃ʒe]	v. 浸入		immeuble	[imœbl]	n. 大楼	
plier	[plie]	v. 折叠		blanchir	[blɑ̃ʃir]	v. 漂白	
plisser	[plise]	v. 弄皱		blague	[blag]	n. 笑话	

| plomb | [plɔ̃] | *n.* 铅 | blaser | [blaze] | *v.* 使麻木 |

短语集训

- *blasé* [blaze] de tout
  对什么都感到厌倦
- léger comme une *plume* [plym]
  轻如羽毛
- *blanchir* [blɑ̃ʃir] de la laine
  漂白羊毛
- *plié* [plie] en deux
  对折的
- bien *immeuble* [imœbl]
  不动产

单句集训

- Le soleil darde à **plomb** [plɔ̃].
  烈日当空照。
- Les ennemis ont **bloqué** [blɔke] le port.
  敌人封锁了港口。
- Je suis **plus** [ply] que content.
  我非常满意。
- Vous **blaguez** [blage]! Est-ce **possible** [pɔsibl]?
  你吹牛！这可能吗？

实战集训

A：Empruntez un livre pour moi à la **bibliothèque** [bibliɔtɛk], s'il vous **plaît** [plɛ].
请到图书馆帮我借本书吧。
B：Pas de **problème** [prɔblɛm].
没问题。

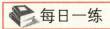 每日一练

⇨ [pl]

① Il a su rester **simple** dans les honneurs.
   他在荣誉面前仍保持谦虚。
② Elle habite avec un **couple** d'époux en France.
   她和一对夫妇一起住在法国。
③ **Plusieurs** d'entre eux sont ouvriers.
   他们中好几位是工人。
④ Ses jambes **ployèrent** sous lui.
   他两腿发软。

⇨ [bl]

① Tu ferais mieux de te **blinder** contre la critique du **pub**lique.
   你最好做好对付公众批评的准备。
② Le chat se **blottit** dans le coin.
   猫咪蜷缩在角落里。
③ C'est un livre **lisible**.
   这是本值得一读的书。
④ J'ai reçu votre **aimable** lettre.
   我收到了您令人愉快的来信。

⇨ [pl] vs. [bl]

① C'est un pro**bl**ème sim**pl**e.
   这是个简单的问题。
② Cette usine produit des **imperméable** en matière **plastique**.
   这家工厂生产塑料雨衣。

18. [kl] &[gl]

 读音规则

音	拼写说明	单词举例
[kl]	cl	article, clef
[gl]	gl	glace, anglais

 一句话练发音

Il écrit des articles en anglais.
[i-lekri-de-zartikl-ɑ̃-nɑ̃glɛ]
他用英语写文章。

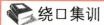 绕口集训

① Le **client** prend une **glace** dans le **club**.
这位顾客在俱乐部吃了一客冰激淋。

重点单词

client	[kliɑ̃]	n.	顾客
glace	[glas]	n.	冰激淋
club	[klœb]	n.	俱乐部

III. 音素 · 18. [kl] & [gl]

② Balzac fut une des **gloires** de son **siècle**.
巴尔扎克是他那个世纪的名人之一。

> 重点单词

gloire	[glwar]	n.	名人
siècle	[sjɛkl]	n.	世纪

③ Mon **oncle** a de gros **ongles**.
我叔父有很大的指甲。

> 重点单词

oncle	[ɔ̃kl]	n.	叔父，舅父
ongle	[ɔ̃gl]	n.	指甲

> 单词集训

clef	[kle]	n. 钥匙	glisser	[glise]	v. 滑动
clou	[klu]	n. 钉子	glu	[gly]	n. 胶水
cloche	[klɔʃ]	n. 钟	glorifier	[glɔrifie]	v. 歌颂
cliques	[klik]	n. 木屐	globe	[glɔb]	n. 球
clinique	[klinik]	a. 临床的	englober	[ɑ̃glɔbe]	v. 合并
clôture	[klotyr]	n. 栅栏	Anglais	[ɑ̃glɛ]	n. 英国

> 短语集训

■ le centre d'un *globe* [glɔb]
球心

- ***clin*** [klɛ̃] d'oeil
  眨眼
- tirer le ***glaive*** [glɛv]
  宣战
- enfoncer un ***clou*** [klu]
  钉一个钉子
- cornet de ***glace*** [glas]
  蛋卷冰激淋

 单句集训

- Les enfants font des **glissades** [glisad] sur la **glace** [glas].
  孩子们在冰上滑行。
- Un **clou** [klu] chasse l'autre.
  新的来，旧的去。
- Le vent m'a **glacé** [glase].
  风吹得我很冷。
- Tu as fait un pas de **clerc** [klɛr] cette fois.
  你这次失策了。

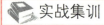 实战集训

A：J'ai entendu dire que ton **oncle** [ɔ̃kl] a un appétit **glouton** [glutɔ̃].
我听说你叔叔有个大胃口。
B：Oui, c'est vrai. Il peut **engloutir** [ɑ̃glutir] vingt **glaces** [glas] en une fois!
是的，确实如此。他能一次狼吞虎咽地吃掉二十只雪糕！

每日一练

➪ [kl]

① L'incident est **clos**.
事情已了结。

② Il est temps de **clore** le débat.
是结束讨论的时候了。

③ L'hiver est **clément** cette année.
今年冬天不太冷。

④ Il disparaît en un **clin** d'oeil.
他一眨眼就不见了。

➪ [gl]

① Ce recensement **n'englobe** pas les étrangers.
这次人口普查不包括外国人。

② Le **verglas** rend le sol **glissant**.
薄冰使地很滑。

③ C'est une vraie **glu**.
这真是个纠缠不休的家伙。

④ La poule **glousse** pour appeler ses petits.
母鸡咯咯地叫小鸡。

➪ [kl] vs. [gl]

① Un **clou glisse** sur le bois.
一颗钉子滑到木头上。

② Tu ne dois pas **cloîtrer** le petit enfant dans la chambre **glaciale**.
你不该把这个小孩子关在这冰冷的房间里。

91

19. [fl] &[fr] &[vr]

 读音规则

音	拼写说明	单词举例
[fl]	fl	fleuve, flamer
[fr]	fr	frère, frais
[vr]	vr	vrai, livre

 一句话练发音

Mon frère a acheté un livre sur la plantation des fleurs.
[mɔ̃-frɛr-a-aʃte-œ̃-livr-syr-la-plɑ̃tasjɔ̃-de-flœr]
我弟弟买了一本关于种花的书。

 绕口集训

① Ces **fruits** un peu **flétris** sont vendus en **vrac**.
这些有点干瘪的水果按重量出售。

重点单词

fruit	[frɥi]	n.	水果
flétri	[fletri]	a.	干瘪的
vrac	[vrak]	ad.	按重量地

III. 音素・19. [fl] & [fr] & [vr]

② Le **lièvre** est **friand** de **flouve**.
野兔爱吃黄花草。

> 重点单词

lièvre	[ljɛvr]	n.	野兔
friand	[friɑ̃]	a.	讲究吃的
flouve	[fluv]	n.	黄花草

③ Il n'y a **vraiment** qu'en **France** que l'on peut manger des **flans**.
只有在法国才能吃到真的牛奶鸡蛋烧饼。

> 重点单词

vraiment	[vrɛmɑ̃]	adv.	真的
France	[frɑ̃s]	n.	法国
flan	[flɑ̃]	n.	牛奶鸡蛋烧饼

> 单词集训

flot	[flɔ]	n. 流水		fraction	[fraksjɔ̃]	n. 派别
flûte	[flyt]	n. 长笛		fragilité	[fraʒilite]	n. 虚弱
fleurir	[flœrir]	v. 开花		freiner	[frɛne]	v. 刹车
flèche	[flɛʃ]	n. 箭		frisson	[frisɔ̃]	n. 寒战
lèvre	[lɛvr]	n. 嘴唇		pauvre	[povr]	a. 可怜的
cuivre	[kɥivr]	n. 铜		vivre	[vivr]	v. 生活

> 短语集训

■ avoir le *frisson* [frisɔ̃]
打寒战

法语 入门速成班

- *fléchir* [fleʃir] les genoux
  跪倒
- des *lèvres* [lɛvr]
  仅在口头上
- faire *naufrage* [nofraʒ] au port
  功败垂成
- faire le *fricot* [friko]
  烧菜

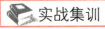单句集训

- Un sourire **flotte** [flɔt] sur ses **lèvres** [lɛvr].
  他嘴唇上掠过一丝微笑。
- Le chat **flaire** [flɛr] partout dans la cuisine.
  猫在厨房里闻来闻去。
- Vous me **flattez** [flate]!
  您过奖了!
- Il est né d'une famille **pauvre** [povr].
  他出生在一个贫穷的家庭。

实战集训

A：J'aime cette **oeuvre** [œvr] d'art. C'est un **buffle** [byfl]?
我喜欢这件艺术品。这是只水牛吧?
B：Oui. C'est un cadeau que mon père m'a **offert** [ɔfɛr].
是的。这是我父亲送我的礼物。

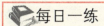 每日一练

⇨ [fl]

① Le commerce **fl**eurit.
　商业繁荣。
② Il ne **fl**échira pas, quoi qu'il advienne.
　他无论如何也不会屈服。
③ La neige tombe à gros **fl**ocons au dehors.
　外面下着鹅毛大雪。
④ La production monte en **fl**èche.
　生产直线上升。

⇨ [fr]

① C'est au **fr**uit qu'on connaît l'arbre.
　观其果知其树。/ 观其行知其人。
② Je suis **fr**otté de **fr**ançais.
　我略懂法语。
③ Le magasin o**fr**e un grand choix de marchandises.
　商店品种繁多，可供随意挑选。
④ Je serai **fr**anc avec toi.
　我要和你坦率地谈一谈。

⇨ [vr]

① Les li**vr**es cou**vr**ent la table.
　那些书堆满了桌子。
② La mère a le coeur nau**vr**é à cause de la mort de son enfant.
　那位母亲因为她孩子的死而很伤心。
③ Je commence à revi**vr**e après avoir reçu cette nouvelle.
　我收到这个消息后重新振奋起来。
④ Laissez vi**vr**e les jeunes.
　别干扰年轻人的生活。

> [fl] vs. [fr] vs. [vr]

① Laissez **souffler** le cheval, il **souffre vraiment** de la faim et du **froid**.
让这匹马喘口气吧，它实在是挨饿受冻了。

② Ces **fruits** et ces **fleurs** en plastique **semblent vrais**.
这些塑料水果和塑料花像真的一样。

20. [pr] & [br]

 读音规则

音	拼写说明	单词举例
[pr]	pr	printemps, prise
[br]	br	brise, broche

 一句话练发音

La chambre est propre comme un sou neuf.
[la-ʃɑ̃br-ɛ-prɔpr-kɔ-mœ-su-nœf]
这房间十分干净。

 绕口集训

① Le **Breton** porte une **branche** de **prune** sous le **bras**.
那位布列塔尼人把一枝李树枝夹在腋下。

重点单词

Breton	[brətɔ̃]	n.	布列塔尼人
branche	[brɑ̃ʃ]	n.	树枝
prunier	[prynie]	n.	李树
bras	[bra]	n.	手臂

② Le **président** de cette **entreprise** est allé au **Brésil**.
这家企业的总裁去了巴西。

重点单词

président	[prezidɑ̃]	n.	主席，首脑
entreprise	[ɑ̃trəpriz]	n.	企业
Brésil	[brezil]	n.	巴西

③ Ce **professionnel** de la **brocante brade** les **prix**.
古董专家在廉价清货。

重点单词

professionnel	[prɔfɛsjɔnɛl]	n.	专家
brocante	[brɔkãt]	n.	旧货业
brader	[brade]	n.	廉价出售
prix	[pri]	n.	价格

单词集训

prétendre	[pretɑ̃dr]	v. 打算	broncher	[brɔ̃ʃe]	v. 失足
proximité	[prɔsimite]	n. 邻近	briquet	[brikɛ]	n. 打火机
province	[prɔvɛ̃s]	n. 省	braver	[brave]	v. 顶撞
prouver	[pruve]	v. 证明	marbre	[marbr]	n. 大理石
protection	[prɔtɛksjɔ̃]	n. 保护	brèche	[brɛʃ]	n. 缺口
propriété	[prɔpriete]	n. 产业	briller	[brije]	v. 发亮

短语集训

■ **propriété** [prɔpriete] **privée** [prive]
私有财产

■ **braver** [brave] l'opinion
对抗舆论

III. 音素・20. [pr] & [br]

- mine *prévenante* [prevɛnɑ̃t]
  和颜悦色
- ouvrir une *brèche* [brɛʃ]
  打开一个缺口
- maison de *prêt* [prɛ]
  当铺

单句集训

- Mieux vaut **prévenir** [prevənir] que guérir.
  与其治病不如防病。
- **Brebis** [brəbi] comptées, le loup les mange.
  智者千虑，必有一失。
- Il **prétend** [pretɑ̃] être le **premier** [prəmie] à avoir atteint le sommet.
  他声称是第一个到达山顶的。
- Ce café me **brûle** [bryl] les lèvres.
  这咖啡把我的嘴唇烫痛了。

实战集训

A : Tu semble être sur la **braise** [brɛz], qu'est-ce qui s'est passé ?
你看上去像热锅上的蚂蚁，出什么事了？
B : J'ai perdu mon **bracelet** [braslɛ] par **imprudence** [ɛ̃prydɑ̃s].
我不小心把手镯给弄丢了。

每日一练

⇨ [pr]

① Il est aimable comme une porte de **prison**.
他非常令人讨厌。
② Il sera **procédé** à une enquête.
将进行一次调查。
③ Notre opinion a **prévalu**.
我们的意见占优势。
④ Ne sortez pas sous aucun **prétexte**.
无论如何不要出去。

⇨ [br]

① Tout ce qui **brille** n'est pas or.
发亮的不都是金子。
② Ce voyage m'a **brisé**.
这次旅行使我极度疲乏。
③ Ils sont au **nombre** de trois.
他们一共三人。
④ Le ciel se **brouille**.
天色变暗。

⇨ [pr] vs. [br]

① Est-ce que tu es **lib**r**e** cet **après-midi**?
你今天下午有空吗?
② Le vent **pros**t**erne** les a**rb**r**es**.
风把树吹弯。

21. [tr] & [dr]

读音规则

音	拼写说明	单词举例
[tr]	tr	trois, très
[dr]	dr	droit, drone

一句话练发音

Il travaille à Londre.
[il-travaj-a-lɔ̃dr]
他在伦敦工作。

绕口集训

① Rendez la **montre** à cette **adresse**.
请把手表送到这个地址。

重点单词

rendre	[rɑ̃dr]	v.	送交
montre	[mɔ̃tr]	n.	手表
adresse	[adrɛs]	n.	地址

② Je l'ai **trouvé drôle**.
我觉得他有心事。

重点单词

trouver	[truve]	v.	感觉
drôle	[drɔl]	a.	奇怪的

③ Il faut **être très adroit** pour **dresser trois dromadaires**.
训练三只单峰驼的人应该是很灵巧的。

重点单词

adroit, e	[adrwa, -t]	adj.	灵巧
dresser	[drɛse]	v.	训练
dromadaires	[drɔmadɛr]	n.	单峰驼

单词集训

cadre	[cadr]	n. 边框	meurtre	[mœrtr]	n. 杀人
dresser	[drɛse]	n. 竖起	chapitre	[ʃapitr]	n. 章节
fondre	[fɔ̃dr]	v. 使熔化	paraître	[parɛtr]	v. 出版
drap	[dra]	n. 床单	appaître	[aparɛtr]	v. 出现
dragon	[dragɔ̃]	n. 龙	titre	[titr]	n. 题目
vendre	[vɑ̃dr]	v. 售卖	tribune	[tribyn]	n. 论坛

短语集训

■ la revue ***trimestrielle*** [trimɛstrijɛl]
季刊

■ ***vendre*** [vɑ̃dr] cher
售价很高

■ l'édition ***illustrée*** [ilystre]
插图本

III. 音素・21. [tr] & [dr]

- *fondre* [fɔ̃dr] en larmes
  泪如雨下
- chercher à *paraître* [parɛtr]
  想出风头

单句集训

- Son attitude **trahisait** [traizɛ] son trouble.
  他的态度泄露了他的不安。
- Je passe à la banque pour **prendre** [prɑ̃dr] de l'argent.
  我去银行取钱。
- Je voudrais toucher le montant de ce **transfert** [trɑ̃sfɛr].
  我要取这笔汇款。
- J'ai du mal à **joindre** [ʒwɛ̃dr] les deux bouts.
  我难以平衡收支。

实战集训

A: Pardon, y a-t-il une poste près d'ici ?
打扰一下，请问这附近有邮局吗？
B: Oui. Vous n'avez qu'à allez tout **droit** [drwa], puis vous la verrez en face de la station du **métro** [metro].
有的。您只要一直往前走就能看见它，就在地铁站对面。

每日一练

➪ [tr]

① Tu as la cuisinière à **électricité** ?
你有电炉吗？

② J'ai assuré ma voiture **cont<u>r</u>e** le vol.
我为汽车投了保盗窃险。
③ Il est temps de faire **re<u>tr</u>aite**.
是离开的时候了。
④ Sa vue le **<u>tr</u>ompe** souvent.
他常常看错。

▷ [dr]

① Je vais au dispensaire pour **pren<u>dr</u>e** des médicaments.
我去医务室取药。
② Cette boisson est une vraie **<u>dr</u>ogue**.
这饮料简直跟药一样苦。
③ Ne me tenez pas la haute **<u>dr</u>agée**.
别吊我胃口。
④ Il fait **<u>dr</u>ôlement** froid aujourd'hui.
今天特别冷。

▷ [tr] vs. [dr]

① Je **vou<u>dr</u>ais** regarder ce **<u>tr</u>ansistor**.
我想看看这个半导体收音机。
② Je vais te **join<u>dr</u>e** à la société **pé<u>tr</u>olière**.
我到石油公司和你会合。

III. 音素·22. [kr] & [gr]

22. [kr] & [gr]

 读音规则

音	拼写说明	单词举例
[kr]	cr	crème, creuser
[gr]	gr	grand, tigre

 一句话练发音

Cet écrit connaît un grand succès.
[sɛ-tekri-kɔnɛ-tœ̃-grɑ̃-syksɛ]
这篇作品取得了巨大的成功。

 绕口集训

① Ce **tigre crève** de **graisse**.
这只老虎胖得浑身是肉。

重点单词			
tigre	[tigr]	n.	老虎
crever	[krəve]	v.	充满
graisse	[grɛs]	n.	脂肪

② Le **granit** est une roche **cristalline**.
花岗岩是一种结晶石。

重点单词

granit	[grani]	*n.*	花岗岩
cristallin,e	[kristalɛ̃, -in]	*a.*	结晶的

③ Au zoo, il y a de très **gros crocodiles**.
在动物园，有许多很大的鳄鱼。

重点单词

gros	[gro]	*adj.*	很大，肥胖
crocodile	[krɔkɔdil]	*n.*	鳄鱼

单词集训

crème	[krɛm]	*n.* 奶油		agression	[agrɛsjɔ̃]	*n.*	侵略
crabe	[krab]	*n.* 螃蟹		maigre	[mɛgr]	*a.*	瘦的
critiquer	[kritike]	*v.* 批评		agréer	[agree]	*v.*	同意
croix	[krwa]	*n.* 十字架		gratuit	[gratɥi]	*a.*	免费的
croire	[krwar]	*v.* 相信		gravité	[gravite]	*n.*	严肃
écrire	[ekrir]	*v.* 写		grenier	[grənje]	*n.*	谷仓

短语集训

■ *croquer* [krɔke] de l'argent
挥霍钱财

■ *gravure* [gravyr] sur bois
木刻

■ à ce que je *crois* [krwa]
依我看

■ enseignement *gratuit* [gratɥi]
免费教育

■ vendre à *crédit* [kredi]
赊卖

单句集训

■ Le lierre **grimpe** [grɛ̃p] le long des murs.
常春藤沿着墙壁攀缘而上。
■ La colère est **écrit** [ekri] sur son visage.
愤怒在他脸上流露出来。
■ Je voudrais **agrandir** [agrɑ̃dir] cette photographie.
我想放大这张照片。
■ La route fait un **crochet** [krɔʃɛ].
道路突然绕了个弯。

实战集训

A: Quels beaux paysages!
多美丽的景色啊!
B: Oui, et le **grand** [grɑ̃] air. Ça **creuse** [krøz].
是的,而且这野外空气能增进人的食欲。

每日一练

▷ [kr]

① La flotte **croise** sur les côtes
舰队在沿海巡航。
② Mauvaise herbe **croît** toujours.
莠草易长。

③ C'est une **cruelle** épreuve pour lui.
   这对他是个严峻的考验。
④ Cela passe toute **croyance**.
   这完全不可信。

➡ [gr]

① La nature **agrège** les **grains** de sable en **grès**.
   大自然把沙粒聚合成砂岩。
② Le soleil nous **grillait**.
   太阳晒得我们火辣辣的。
③ Cet article porte sa **griffe**.
   这篇文章具有他的风格。
④ La température a suivi une **progression** régulière.
   气温均衡上升。

➡ [kr] vs. [gr]

① **Ecrivez** en **gros**, s'il vous plaît.
   请写粗体字。
② Cet **écrivain** a obtenu par **degré** de brillants succès.
   这位作家逐渐取得了辉煌的成就。

IV. 联 诵

LA LIAISON

在法语的词组和句子中，前一个词词末如果是辅音字母，而后一个词是以元音字母开头的，则前面的辅音字母要与后面的词首元音合成一个音节，称为联诵。例如：

C'est une valise. [sɛ-tyn-valiz]
Elle a quatre ans. [ɛ-la-ka-trɑ̃]
Il attend un ami. [i-la-tɑ̃-œ̃-nami]

许多法语书在介绍联诵时，都会列出必须进行联诵和不能进行联诵的情况。由于这些规则比较复杂，而且现代法语对于联诵的要求早已不那么严格，所以我们只需记住下面三种禁止联诵的情况即可，除此以外的情况尽可能联诵：

1. **大部分以嘘音h开头的词(在词典里前边有星号*的)不能与其前面的词联诵**，例如：
   les héros [le-ero], la hauteur [la-otœr]
   因为词典上是：*héros，*hauteur。
   可是：Les hommes [le-zɔm], les hautes herbes [le-ot-zɛrb],
   因为在词典上"homme"与"herbe"这两个名词前边都没有星号。"haute"这个形容词却有，在词典上写着：*haute。

2. **在单词et之后不能联诵**，例如：
   professeurs et étudiants [prɔfɛsœr-ze-etydjɑ̃]

3. **oui,onze,onzième 这些词不能与其前面的词联诵**，例如：
   mais oui [mɛ-wi],
   Il est onze heures. [i-lɛ-ɔ̃-zœr]

在联诵时，有些字母要改变其原来的发音，主要有以下几类：

1. **字母 s,x 发[z]音**：deux heures [dø-zœr], ils ont [il-zɔ̃]
2. **字母 d 发[t]音，f 发[v]音**：
   un grand homme [œ̃-grɑ̃-tɔm], neuf heures [nœ-vœr]
3. **bon, certain, moyen, plein 等单词中的鼻化元音 ɔ̃, ɛ̃ 发音变成[ɔn], [ɛn]:**

un bon homme [œ̃-bɔ-nɔm], un certain enfant [œ̃-sɛrtɛ-nɑ̃fɑ̃],
le Moyen Age [lə-mwajɛ-naʒ],
en plein air [ɑ̃-plɛ-nɛr]

一句话练发音

Elle-est-une-élève.
[ɛ-lɛ-ty-nelɛv]
她是名小学生。

绕口集训

① Il a un **compte** en **banque.** [i-la-œ̃-kɔ̃t-ɑ̃-bɑ̃k]
他在银行里有个户头。

重点单词

| compte | [kɔ̃t] | n. | 帐户 |
| banque | [bɑ̃k] | n. | 银行 |

② Un **papillon** s'arrête sur un **papier**. [œ̃-papijɔ̃-sarɛt-sy-rœ̃-papije]
一只蝴蝶停在一张纸上。

重点单词

| papillon | [papijɔ̃] | n. | 蝴蝶 |
| papier | [papije] | n. | 纸张 |

③ Je **regarde** un **film hollywoodien**. [jə-rəgar-dœ̃-fil-mɔliwudjɛ̃]
我在看一部好莱坞电影。

重点单词

| regarder | [rəgarde] | v. | 看 |

film	[film]	*n.*	电影
holliwoodien, ne	[ɔliwudjɛ̃-ɛn]	*adj.*	好莱坞的

短语集训

- ***tête à tête*** [tɛ-ta-tɛt]
  面对面地
- recul ***d'une armée*** [dy-narme]
  军队的撤退
- mouvement d'***un astre*** [œ- nastr]
  一个星体的升起
- mettre une malade ***en observation*** [ɑ̃-nɔpsɛrvasjɔ̃]
  把一个病人留在观察室观察
- **en un** [ɑ̃-nœ̃] rien de temps
  一会儿工夫

单句集训

- **Il est neuf heures** [i-lɛ-nœ-vœr] et demie.
  现在时间是九点半。
- Marie et Anne sont de **bons amis** [bɔ̃-zami].
  玛丽和安娜是好朋友。
- **C'est un** [sɛ-tœ̃] château **au Moyen Age** [o-mwajɛ-naʒ].
  这是一座中世纪的城堡。
- **Je suis en** [ʒə-sɥi-zɑ̃] train d´écrire une lettre **quand elle entre** [kɑ̃-tɛ-lɑ̃tr].
  当她进来时我正在写信。

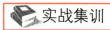

实战集训

A: **Quelle est** [kɛ-lɛ] votre profession ?
请问您是干哪行的?
B: **Je suis employé dans une** [ʒə-sɥi-zɑ̃plwaje-dɑ̃-zyn] banque.
我在一家银行任职。

每日一练

Je suis étudiante à la Sorbonne.
我是 Sorbonne 大学的学生。

Je roudrais suvair un compte en banque.
我想开个户。

Ce soir, nous allons roir un film français au cinema.
今晚,我们去电影院看一部法国电影。

Je suis en train de fréparar le diner.
我正在准备晚餐。

V. 句子的语调

L'INTONATION

与英语相比,法语句子的语调比较平稳。句子的长短和类型决定了语调的上升和下降。一般而言,法语句子在句首不能有重音,声调逐渐上升,最后在句末下降。具体分类如下:

1. 陈述句中,句子的语调一般逐渐上升,最后在句末下降。
   - 短句直接用降调即可,例如:

   C'est moi.
   是我。

   S'il vous plaît.
   请。

   - 长句子一般先升后降,在句中的几个关键名词或动词上语调上升,句末语调下降。例如:

   Marie arrive à la gare très tôt.
   玛丽很早就到了车站。

   Je m'intéresse à tous les cours donnés par ce professeur.
   我对这位教授开的所有课程都感兴趣。

此外,语调的上升点也可落在句中需要进行强调的地方。例如:

   C'est lui qui a volé le porte-monnaie de cette dame.
   是他偷了这位太太的钱包。

2. 在否定句中,否定词的位置决定句子的语调。
   - 否定词在句末,句子的语调就与一般陈述句的语调相同,即句末用降调。例如:
   Je ne sais pas.

我不知道。
- 否定词在句中，语调最高点落在否定词 pas 上。例如：

  Je n'ai pas lu ce livre.
  我没读这本书。

3. 在疑问句中，句子的语调一般有明显的升调，最高点一般落在起疑问作用的词上，具体有下列几种情况：
   - 在口语中，常常把陈述句用升调说出，便成了一般疑问句：
     Tu as une sœur ?
     你有一个妹妹？

     Vous voulez un café ?
     你要来杯咖啡吗？

   - 在主谓倒装的疑问句中，语调一般同前一种，句末用升调。例如：
     Avez-vous un stylo?
     你有钢笔吗？

     Est-il notre professeur ?
     他是我们的老师吗？

   - 用 Est-ce que 引导的疑问句，语调可以与一般疑问句一样，例如：
     Est-ce que tu as fini ton travail ?
     你完成你的工作了吗？

     也可以把语调最高点落在que上，作为突出强调。上句也可读成：

     Est-ce que tu as fini ton travail ?

V. 句子的语调

- 在特殊疑问句中，语调最高点落在疑问词上。例如：

Qu'est-ce qu'il y a ?
那儿有什么?(什么事?)

Où vas-tu ?
你去哪儿?

一句话练发音

Le train de Paris a cinq minutes de retard.
[lə-trɛ̃-də-pari-a-sɛ̃k-minyte-də-retar]
从巴黎来的火车晚点五分钟。

绕口集训

① Ces **saucissons** font six **sous**.
这些灌肠要六个苏的价钱。

重点单词

saucisson	[sosisɔ̃]	n.	灌肠
sou	[su]	n.	苏（法国以前的辅币，1 苏 =1/20 法郎）

② **Écartons** ton **carton,** car ton carton nous gêne.
（让我们）把你的纸盒移开，因为你的纸盒妨碍我们活动了。

重点单词

écarter	[ekartɔ̃]	v.	移开
carton	[kartɔ̃]	n.	纸盒

法语 入门速成班

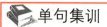 单句集训

- Je vais le faire tout de suite.
  我马上就去办这件事。

- C'est l'heure ?
  时间到了？

- Oh, elle est trop grosse!
  噢，她太胖了！

- Quand sort-elle ?
  她什么时候出来？

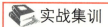 实战集训

A: Bon Anniversaire!
生日快乐！

B: Merci beaucoup! J'aime bien ton cadeau.
非常感谢！我很喜欢你的礼物。

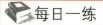 每日一练

① Qu'est-ce qu'il fait ?
他干什么工作的？

② Il est secrétaire.
他是秘书。

V. 句子的语调

③ Pour le repas de midi, qu'est-ce que vous boirez ?
午餐您将喝点什么?

④ J'aimerais prendre de la bièrre.
我想喝啤酒。

VI. 读音规则小结

LA RÈGLE EST RÈCAPITVLÈE

字母	音	说明	举例
a, à, â	[a]		la, lac
ai	[ɛ]		aimer, chaise
	[e]	在少数词中	ferai, quai
ail	[aj]	在词尾	travail
aille	[aj]		travaille, taille
aim	[ɛ̃]	m 后无元音字母或字母 m, n	faim
ain	[ɛ̃]	n 后无元音字母或字母 m, n	main, vain
am	[ɑ̃]	m 后无元音字母或字母 m, n；一般在字母 p, b 前。	lampe, chambre
an	[ɑ̃]	n 后无元音字母或字母 m, n	bilan, plan
au	[o]		chause, chaud
	[ɔ]	在 r 前及少数词中	aurore, Paul
ay	[ɛj]	在元音前	crayon
b, bb	[b]		bébé, abbé
c	[s]	在字母 e, i, y 前	ceci, cycle
	[k]	在字母 a, o, u 前及辅音字母前，或在词末	car, chocolat, classe, lac
ç	[s]	在字母 a, o, u 前	français, ça
cc	[k]	在字母 a, o, u 前	accord, accuser
	[ks]	在字母 e, i, y 前	accident
ch	[ʃ]		chanson
	[k]	在个别单词中；在辅音前	l'orchestre, technique
d, dd	[d]		devoir, addition
e	[ɛ]	1. 在闭音节中 2. 在相同二辅音字母前 3. 词尾 -et 中	avec, merci guerre, elle effet, carnet
	[e]	1. 词尾 -er, -ez 中	parler, marchez

(续表)

字母	音	说明	举例
		2. 在连词 et 中	et
		3. 有 -es 的单音节词中	ses, des
	[ə]	1. 在单音节词尾	le, de
		2. 前有两个辅音，后有一个辅音，即"辅辅 e 辅"结构中	premier, fortement
		3. 在词首开音节内	demeurer, semaine
	不发音	1. 在词尾（单音节词除外）	carte
		2. 在"元辅 e 辅元"的单词结构中	samedi
		3. 在元音前后	Jean, vie
è	[ɛ]		mère, père
é	[e]		été, répéter
ê	[ɛ]		fenêtre
eau	[o]		tableau, beau
ei	[ɛ]		neige
ein	[ɛ̃]	n 后无元音字母或 m, n	peintre
em	[ɑ̃]	在 p, b 前	printemps
en	[ɑ̃]	n 后无元音字母或 m, n	moment
eu	[ø]	1. 在词尾开音节中	bleu
		2. 在[z]前	nerveuse
	[œ]	除以上两种情况外	neuf, neuve
f, ff	[f]		faim, effacer
g	[ʒ]	在字母 e, i, y 前	gens, geler
	[g]	在 a, o, u 及辅音字母前	gai, Anglais
ge	[ʒ]	在 a, o, u 前	gageure
gg	[g]		aggraver
gn	[ɲ]		champagne
	[gn]	在个别单词中	stagnant
h	不发音	哑音	l'heure
		虚音	le héros
i	[i]		lit, dire

(续表)

字母	音	说明	举例
	[j]	在元音前	Pierre
	[ij]	在"辅+l"或"r+i+元"结构中	février, publier
ï	[i]		naïf
ien	[jɛ̃]	n 后无元音字母或 m, n	rien
il	[j]	在元音后	travail
	[i]	在词尾且在辅音后	gentil
ill	[j]	在元音后	travailler, je travaille
	[ij]	在辅音后	la fille, la grille
	[il]	在少数词中	mille, tranquille
im	[ɛ̃]	m 后无元音字母或 m, n	impossible
in	[ɛ̃]	n 后无元音字母或 m, n	fin, vin
j	[ʒ]		jardin, jour
k	[k]		kilo
l	[l]		il, laver
ll	[l]		elle, salle
	[j]	在 i 后	fille
m,mm	[m]		maman, homme
mn	[n]		automne
	[mn]		condamner
n,nn	[n]		nerveux, bonne
o	[o]	1. 在词末开音节中 2. 在[z]前	studio reposer
	[ɔ]	在除了以上两种情况以外的单词中,即在词中以及除以[z]结尾外的闭音节中	sol
ô	[o]		rôle
ou	[ø]	在词末开音节或[z]前	vou
	[œ]	在词末闭音节以及除读[u]以外的情况中	ouvre
oi,oî	[wa]		loi, boîte
oin	[wɛ̃]	n 后无元音字母或 m, n	loin

(续表)

字母	音	说明	举例
om	[ɔ̃]	在 p, b 前	nombre
on	[ɔ̃]	n 后无元音字母或 m, n	non, bon
ou	[u]		vous
	[w]	在元音前	jouer, oui
oy	[waj]	在元音前	loyer
p, pp	[p]		pomme, frapper
ph	[f]		phénomène
q	[k]		coq
qu	[k]		queue, quatre
r, rr	[r]		rire, irriter
s	[s]		chanson
	[z]	在二元音字母之间	visiter
sc	[s]	在字母 e, i, y 前	conscience
	[sk]	在字母 a, o, u 及辅音字母前	escalade, scolarité
ss	[s]		essentiel
t, th	[t]		tes, thèse
ti	[si], [sj]	t 前无字母 s	démocratie, conservation
	[ti], [tj]	t 前有字母 s	question
t, tt	[t]		date, dette
u	[y]		vu, menu
	[ɥ]	在元音前	lui, nuit
û	[y]		mûr
um	[œ̃]	m 后无元音字母或字母 m, n	parfum
un	[œ̃]	n 后无元音字母或 m, n	un, brun
uy	[ɥij]	在元音前	ennuyer
v	[v]		vivre, vin
w	[v]		wagon
	[w]	在个别单词中	watt
x	[ks]	在个别单词中	texte, fixer

(续表)

字母	音	说明	举例
	不发音	在单词末尾	deux, voeux, veux(例外: six, dix)
	[gz]	在词首 ex-, inex- 中且后接元音字母	exister, inexact
	[s]	后接元音字母或在个别词的末尾	chanson, dix, six
	[z]	在少数单词中	dixième
y	[i]		cycle, typique
yn	[ɛ̃]	n 后无元音字母或 m, n	syndicat
ym	[ɛ̃]	m 后无元音字母或 m, n	symbole
z	[z]		zigzag

VII. 日常交际用语

EXPRESSIONS COURANTES

第一课　见面问候
第二课　介绍
第三课　邀请
第四课　做客
第五课　询问
第六课　感谢
第七课　道歉
第八课　祝贺，祝愿
第九课　赞美
第十课　打电话
第十一课　在飞机场
第十二课　在飞机上
第十三课　出入境
第十四课　乘坐火车
第十五课　乘坐轮船
第十六课　住宿
第十七课　用餐
第十八课　交通出行
第十九课　观光
第二十课　购物

第一课 见面问候 Salutations

 基本表达法 Expressions fondamentales

 打招呼 Saluer

- Salut!
  你好!(朋友,熟人之间)
- Bonjour!
  早上好!
- Bon après-midi!
  下午好!
- Bonsoir!
  晚上好!
- Bonne nuit!
  晚安!
- Au revoir!
  再见!

- Comment allez-vous?
  你好吗?
- Tout va bien?
  你近来过得怎么样?
- Je suis content de vous revoir.
  很高兴再次见到你。
- Il y a longtemps qu'on ne se voit pas.
  好久不见了。
- Qu'est-ce que vous faites ces jours-ci?
  你最近在忙什么?

 问候别人 Saluer les autres

- Saluez votre famille de ma part!
  请代我向您家人问好!
- Donnez le bonjour à Pascal.
  请代我向帕斯卡尔问好。

- Mes amitiés à Nathalie.
  向娜塔莉问好。

对话 Dialogues

Dialogue 1

A: Bonjour, Fabien!
A: 你好，法比安！
B: Bonjour, Caroline!Comment va-tu?
B: 你好，卡洛琳娜！最近过得好吗？
A: Très bien, merci. Qu'est-ce que vous faites ces jours-ci?
A: 很好，谢谢。你最近在忙些什么？
B: J'ai dépensé la plupart de temps dans la bibliothèque avec Pascal parceque nous avons un examen la semaine prochaine.
B: 我经常和帕斯卡尔一起去图书馆，因为我们下个星期有一门考试。
A: Ah,bon? J'espére que vous pouvez réussir l'examen, et donne le bonjour à Pascal.
A: 哦，是吗？我希望你们考试顺利。顺便代我向帕斯卡尔问好。
B: Merci, au revoir!
B: 好的，谢谢，再见！

Dialogue 2

A: Bonjour, Paul.
A: 你好，保尔。
B: Bonjour, Jacques.
B: 你好，雅克。
A: Tout va bien?
A: 你近来怎么样？
B: Pas mal. J'ai trouvé un travail bien payé.
B: 还可以。我找到了一份工资挺高的新工作。
A: Ah, je suis content d'entendre ça!
A: 噢，是吗？我真替你高兴。
B: Et toi? Tout va bien pour ton travail?
B: 那你呢？工作顺利吗？
A: Oui, merci. Pardon, je dois partir maintenant.
A: 谢谢，都挺好。抱歉，我现在得走了。

B: Bon, à la prochaine foi.
B: 好吧,下次见。
A: Au revoir!
A: 再见!

课文单词 Vocabulaire

bibliothèque	n.f	图书馆
dépenser	v.	花费
espérer	v.	希望
réussir	v.	成功
travail	n.m	工作

语法视窗 Grammaire

人称代词

		主语	直接宾语	间接宾语	重读人称代词
单数	第一人称	je	me	me	moi
	第二人称	tu	te	te	toi
	第三人称	il	le	lui	lui
		elle	la	lui	elle
复数	第一人称	nous	nous	nous	nous
	第二人称	vous	vous	vous	vous
	第三人称	ils	les	leur	eux
		elles	les	leur	elles

1. 主语人称代词

   用做主语,放在句首。例如:

   Je vais à la gare.

   Vous parlez français?

2. 宾语人称代词

放在动词前，代替某人某物。例如：

Il *me* donne un livre.

Je *vous* téléphone tout de suite.

如果有两个宾语人称代词，则格式为间接宾语人称代词＋直接宾语人称代词＋动词。例如：

Je *vous le* donne.(donner quelque chose à quelqu'un)

但间接宾语人称代词lui 和 leur 例外，其格式为直接宾语人称代词+lui/leur+ 动词。例如：

Je *le lui* donne.

第二课 介绍 Introduction

 基本表达法 Expressions fondamentales

 自我介绍 Se présenter

- Je m'appelle Daniel
  我叫达尼尔。
- Je viens de Chine.
  我是来自中国。
- Je suis musicien.
  我是音乐家。
- Je viens de Beijing, de Chine.
  我来自中国的北京。

- Pouvons-nous faire connaissance?
  可以跟您认识一下吗？
- Très heureux (se) de faire votre connaissance. /Je suis ravi(e) de vous connaître. / Enchanté!
  很高兴见到您（认识您）。

 介绍别人 Présenter les autres

- C'est mon frère, Thomas.
  这是我哥哥，托马斯。
- Permettez-moi de vous présenter mon père.
  请允许我介绍一下，这是我的父亲。
- Je voudrais vous presenter à mes parents.
  我想把你介绍给我父母认识。

对话 Dialogues

Dialogue 1

A: Bonjour! Je m'appelle Daniel.
A: 你好,我的名字叫达尼尔。
B: Enchanté! Je suis Anne.
B: 很高兴认识您,我是安娜。
A: Excusez-moi, est-ce que vous êtes étudiante d'ici?
A: 请问您是这里的学生吗?
B: Oui, je suis étudiante de l'institut de langue étrangère. Et vous aussi?
B: 是的,我是外国语学院的学生,你也是这里的学生吗?
A: Non, je suis un touriste. Je viens de Beijing, de Chine. Je voudrais faire un tour dans votre université.
A: 不是的,我是来旅游的,我来自中国的北京。我想在你们校园里逛一逛。
B: Ah, je serai libre cet après-midi, je peux vous servir de guide.
B: 哦,我下午正好有空,可以给你当导游。
A: Vous êtes très gentille, merci beaucoup!
A: 谢谢,您真是太好了。

Dialogue 2

A: Comment vous appelez-vous?
A: 请问您叫什么名字?
B: Je m'appelle céline.
B: 我叫塞琳娜。
A: Enchanté!Je suis Nathalie.
A: 很高兴认识您,我叫娜塔莉。
B: Que est-ce que vous faite?
B: 您的职业呢?
A: Je suis professeur, et vous?
A: 我是老师,您呢?
B: Je suis musicien.
B: 我是音乐家。

课文单词 Vocabulaire

s'appeler	v.pr	叫做……
présenter	v.	介绍
étudiant,e	n.	学生
professeur	n.m	老师
musicien	n.m	音乐家

语法视窗 Grammaire

冠词

法语的冠词分为定冠词、不定冠词和部分冠词三种，它必须和名词的性数相一致。

1. 定冠词

单数 Singulier		复数 Pluriel
阳性 Masculin	阴性 Féminin	阳性和阴性 Masculin et féminin
le	la	les
le livre	la plume	les livres les plumes

2. 不定冠词

单数 Singulier		复数 Pluriel
阳性 Masculin	阴性 Féminin	阳性和阴性 Masculin et féminin
un	une	des
un bateau	une table	des livres

3. 部分冠词

单数 Singulier		复数 Pluriel
阳性 Masculin	阴性 Féminin	阳性和阴性 Masculin et féminin
de le= du	de la	de les=des
de l'		

　　定冠词放在名词前，表示这个名词是确定的或已经提到过的。不定冠词放在名词前，表示这个名词是不确定的或初次提到的。部分冠词则表示"一些"、"若干"的意思。例如：

　　C'est *un* livre. 这是（一本）书。（不确定哪一本）

　　C'est *le* livre de Robert. 这是罗伯特的书。（确定是某一本的）

　　Je mange *du* riz. 我吃米饭。（米饭是一个大类，只能吃其中的一部分）

第三课 邀请 Invitation

基本表达法 Expressions fondamentales

 邀请某人 Inviter quelqu'un

- Je voudrais t'inviter à déjeuner.
  我想请你吃午饭。
- Venez dîner chez moi ce soir.
  今晚请来我家吃晚饭。
- Viens me voir si tu es disponible.
  有空来看我。
- Etes-vous disponible/libre ce week-end?
  周末有空吗?
- Voulez-vous (venir) prendre un verre avec moi?
  和我去喝一杯好吗?

 接受邀请 Accepter une invitation

- Merci pour votre invitation.
  感谢你的邀请。
- Merci de m'inviter.
  感谢邀请。
- Je serai enchanté de venir.
  我会很高兴赴约。
- Ce sera un plaisir.
  那将是我的荣幸。
- Rien ne me ferait plus plaisir.
  没有比这更能让我高兴的事了。
- Merci, avec plaisir.
  谢谢,我很愿意。

 拒绝邀请 Décliner une invitation

- Désolé, ce ne sera pas possible.
  对不起,我不能赴约。
- Je suis désolé. Je ne peux pas venir.
  对不起,我来不了。

VII. 日常交际用语・第三课 邀请

- Allez-y sans moi, j'ai déjà quelque chose de prévu.
我来不了，我有别的计划。

- Je voudrais bien / Ce serait avec plaisir mais j'ai déjà un rendez-vous/ je suis déjà pris.
我很乐意去，但我有事。

- Désolé (e). Je ne pourrai pas venir. Ce serait possible le week-end prochain?
抱歉，我来不了，下个周末可以吗？

对话 Dialogues

Dialogue 1

Monsieur : Bonjour, voulez-vous déjeuner avec moi?
先生： 你好，愿意和我一起吃午饭吗？
Viviane: Avec plaisir. A quelle heure?
薇薇安： 非常乐意。几点钟去？
Monsieur : Je viens vous prendre à onze heures et demi, ça va?
先生： 我十一点半来接你，行吗？
Viviane: D'accord.
薇薇安： 好的。
Monsieur : A bientôt.
先生： 那等会见。
Viviane: A bientôt.
薇薇安： 等会见。

Dialogue 2

Leopold: Salut, Barbara. J'ai entendu dire que tu joues bien au tennis.
利奥波德： 嗨，巴巴拉。我听说你的网球打得很不错。
Barbara: Eh...Pas mal. Pourquoi?
巴巴拉： 还可以。干嘛这样问？
Leopold: Je voudrais t'inviter à jouer au tennis. Es-tu disponible ce vendredi après-midi?

利奥波德：		我想邀请你来一场比赛。星期五下午你有空吗？
Barbara:		Je pense. Quelle heure?
巴巴拉：		我想有的。什么时候？
Leopold:		A deux heures à peu près.
利奥波德：		噢，两点钟左右吧。
Barbara:		Bon, j'accepte ton invitation.
巴巴拉：		好的，我接受你的邀请。
Leopold:		Bien. À tout à l'heure.
利奥波德：		太好了。到时见。

课文单词 Vocabulaire

inviter	v.	邀请
disponible	a.	空闲的
plaisir	n.m.	愉快，乐意
prévu	a.	预料到的
désolé,e	a.	感到遗憾的

语法视窗 Grammaire

名词的性

法语名词有阳性和阴性的区别。

指人和动物的性一般是按自然性别而定的。例如：
un homme —（阳性）一个男人　une femme —（阴性）一个女人
l'étudiant —（阳性）男大学生　l'étudiante　（阴性）女大学生
但某些这类名词没有阴性形式，例如professeur,不论是男教师还是女教师都用阳性。
其他名词的性大多由词源决定，其中以拉丁语的影响为主。例如：
un livre —（阳性）一本书　une pomme —（阴性）一个苹果

阴性名词的构成

指人和动物的名词要按照自然性别区分为阴阳性，一般在阳性名词后加字母 e 就构成阴性名词，有时并有发音的变化。例如：

un Chinois, une Chinoise 中国人

un ami, une amie 朋友

但是有些阳性名词变为阴性名词时词尾要发生一些变化。常见的有 -el,-eau 变为 -elle, -en,-on 变为 -enne,-onne,-et 变为 -ette,-x 变为 -se 等等。例如：

un chameau, une chamelle 骆驼

un lion, une lionne 狮子

un cadet, une cadette 较年幼者

un époux, une épouse 夫，妻

第四课 做客 Être l'hôte de qn

基本表达法 Expressions fondamentales

 招待 Accueillir

- Bienvenue!
  欢迎!
- Entrez, s'il vous plaît!
  请进!
- Asseyez-vous, s'il vous plaît!
  请坐!
- Qu'est-ce que vous voulez (boire)? du thé ou du café?
  您要来点什么?茶还是咖啡?
- Faites comme chez vous. / Servez-vous! / A la bonne franquette!
  请别客气,随便吃,要像在家里一样。
- À notre rencontre et à notre amitié (à votre santé)!
  为我们的友谊和相会(您的家人的健康)干杯!

 道别 Se dire au revoir

- Merci de votre visite.
  谢谢您的来访。
- Bon, bien sûr, je vous en prie, vous êtes toujours le/la bienvenu(e).
  好吧,希望你以后常来。
- Merci pour votre accueil chaleureux. Mais je dois partir maintenant. / Je dois vous laisser.
  谢谢你们的款待,但我现在该走了。

对话 Dialogues

Dialogue 1

Hélène:	Bonjour!
艾伦:	你好!
Monsieur Dupont:	Bonjour, Hélène. Entrez, s'il vous plaît. Je vous présente ma femme, Jacqueline et ma fille, Anne.
杜邦先生:	你好，艾伦。请进。我向你介绍一下，这是我的太太雅克琳娜和我女儿安娜。
Madame:	Bonjour, Madamoiselle.
夫人:	你好，小姐。
Hélène:	Bonjour, Madame. Bonjour, Anne. Tenez, ces fleures sont pour vous.
艾伦:	你好，太太。你好，安娜。这些花是送给你们的。
Anne:	Merci beaucoup.
安娜:	谢谢。
Hélène:	De rien.
艾伦:	不用谢。
Monsieur Dupont:	Je vous montre la maison. Là, c'est ma chambre, et là c'est la chambre de ma fille.
杜邦先生:	我带你参观一下我的房子。这是我的房间，这是我女儿的房间。
Hélène:	Elles sont très belles.
艾伦:	这些房间都非常漂亮。

Dialogue 2

(Après le repas) 饭后

Madame.	Asseyez-vous, s'il vous plaît! Faites comme chez vous. Qu'est-ce que vous voulez? Du thé ou du café?
太太:	请坐!不要客气，像在自己家里一样。想喝点什么，茶还是咖啡?
Hélène:	Du thé, Merci. Vous êtes une excellente cuisinière, Madame. C'étaient les plats les plus délicieux que j'ai

	jamais dégustés.
艾伦：	要一杯茶，谢谢。太太，您真是一位大厨啊，刚才的菜是我吃过的最好吃的。
Madame：	Merci beaucoup! Vous êtes toujours la bienvenue.
太太：	谢谢！欢迎你常来。
Hélène:	Merci pour votre accueil chaleureux. Mais je dois partir maintenant.
艾伦：	谢谢你们的款待，但我现在该走了。
Madame.	Bon, merci de votre visite. A la prochaine fois.
夫人：	好吧，谢谢您的来访。下次见。

课文单词 Vocabulaire

chaleureux,se	a.	热情的
montrer	v.	展示
chambre	n.f.	房间
cuisinier,ère	n.	厨师
déguster	v.	品尝

语法视窗 Grammaire

名词的性

　　法语的名词除了有性的变化还有数的变化。法语的名词有单数和复数的区别。

　　一般规则：普通名词一般在单数形式后加 -s 便构成复数，s 不发音。例如：un livre, des livres

　　特殊情况：有些名词变为复数时，词尾的变化有不同的规则。常见的有 -s, -x, -z 结尾的名词用作复数时形式不变，以 -au, -eau, -eu 结尾的名词词尾加 -x，以 -al 结尾的名词词尾变为 -aux 等。例如：

　　une vis, des vis 螺丝　　　　un nez, des nez 鼻子
　　un jeu, des jeux 游戏　　　　un tuyau, des tuyaux 管子
　　un drapeau, des drapeaux 旗　　un animal, des animaux 动物

第五课　询问 Demande

 基本表达法 Expressions fondamentales

 语言理解方面 A propos de la compréhension des langues

■ Pardon, je ne parle pas bien l'anglais. Pourriez-vous m'exprimer ce que vous voulez dire en me l'indiquant /le montrant dans ce livre?
对不起，我的英语不太好，您能看一下这本书，然后把您要说的意思在上面指出吗？

■ Pardon. Pourriez-vous répéter encore une fois, S'il vous plaît?
您能再说一遍吗？

■ Pourriez-vous me l'exprimer au moyen de gestes?
您能用手势表示一下你的意思吗？

■ Pourriez-vous écrire ce que vous voulez dire?
能把您要说的写下来吗？

■ Est-ce que quelqu'un parle chinois?
有人会讲中文吗？

 问路 Demander son chemin

■ Excusez-moi, je voudrais aller à la Défense?
请问去拉德芳斯区怎么走？

■ Pourriez-vous me montrer sur la carte l'endroit où je veux aller?
您能把我要去的地方在图上划出来吗？

■ Excusez-moi, est-ce qu'il y a des toilettes (supermarchés, hôtels, restaurants, téléphone public etc) près d'ici?
请问附近有卫生间（超级市场、宾馆、餐馆、公用电话）吗？

 其他 Autres

■ Pourriez-vous me donner un coup de main?
能帮我个忙吗？

■ Pourriez-vous ouvrir (Fermer) la fenêtre, s'il vous plaît, il fait un peu froid (chaud).
请将窗户关上（打开），屋里有些凉（热）。

■ Puis-je entrer?
可以进来吗？

■ Pourriez-vous me donner votre adresse et (votre) numéro de téléphone?
请您把您的地址和电话号码留下好吗？

■ Pourriez-vous acheter quelque chose pour moi?
你能替我买些东西吗？

■ Puisque vous voyez Monsieur X demain, est-ce que Ça vous dérangerait de lui transmettre ce livre?
明天你见到伊万诺夫先生时，麻烦你把这本书给他，好吗？

■ Pourriez-vous me prêter dix euro? J'ai oublié mon porte-monnaie chez moi.
您能借我十欧元吗？我把钱包忘在家了。

 对话 Dialogues

Dialogue 1

A: Pardon Monsieur, pour aller à la Sorbonne, s'il vous plaît?

A: 先生，打扰您一下，请问到索邦大学怎么走？

B: Ah,c'est très simple. Vous n'avez qu'à prendre le métro jusqu'à la station X, et puis vous sortez par la sortie D. La Sorbonne se trouve juste

en face de la sortie. Vous voyez, là-bas c'est la station de métro.
B: 哦，很简单。您可以坐地铁直到 X 站，然后从 D 出口出去。索邦大学就在出口对面。你看，那里就是地铁站。
A: Je vous en remercie beaucoup, Monsieur.
A: 非常感谢您，先生。
B: Je vous en prie, Monsieur. Bonne route.
B: 很乐意帮助您，先生，一路平安。

Dialogue 2

A: Avez-vous fini le journal?
A: 你看完那张报纸了吗？
B: Oui.
B: 看完了。你看吧。
A: Merci. Voudrez-vous le lire quand je l'aurai fini?
A: 谢谢。我看完后你要拿回去吗？
B: Non, laisse-le. J'ai remarqué votre accent. Etes-vous Belge?
B: 不用。你留着吧。对了，我注意到你的口音，你是比利时人吗？
A: Non, je suis Suisse.
A: 不，我是瑞士人。
B: Votre façon de parler ressemble beaucoup à la nôtre. Pourquoi êtes vous venu en France?
B: 你的话跟我们很相像。你怎么会到法国来的呢？
A: Je travaille ici pour une entreprise suisse, mais en ce moment je suis en vacances.
A: 我在这里为一家瑞士公司工作，但现在我在休假。

课文单词 Vocabulaire

exprimer	v.	表达
répéter	v.	重复
geste	n.m.	手势
metro	n.m.	地铁
journal	n.m.	报纸

语法视窗 Grammaire

动词变位

　　法语动词用作谓语时，应当根据人称、性数、语式和时态等变化词形，这种变化叫做动词变位。

　　法语动词有三种人称，单数和复数两种数。二者交叉共有六种形式。此外，法语动词有六种语式，而各种语式又各有数量不等的时态变化。

　　各主要时态如下：

　　直陈式：现在时，未完成过去时，简单过去时，复合过去时，愈过去时，先过去时，简单将来时，先将来时，及最近过去时和最近将来时。

　　命令式：现在时，过去时

　　条件式：现在时，过去时第一式，过去时第二式

　　虚拟式：现在时，过去时，未完成过去时，愈过去时

　　不定式：现在时，过去时

　　分词式：现在时，复合过去时

　　各种语式中以直陈式最为常用，而直陈式中又以现在时，未完成过去时，复合过去时，简单将来时，最近过去时和最近将来时最为常见。在后面的课文中将分别讲到。

第六课　感谢 Remerciement

基本表达法 Expressions fondamentales

致谢 Remercier

- Merci beaucoup!
  非常感谢!
- Merci du fond du coeur!
  衷心感谢!
- Merci de votre aide!
  谢谢您的帮助!
- Je vous remercie pour ce dîner délicieux.
  非常感谢你这顿美味晚餐!
- Merci mille fois pour votre accueil.
  再一次感谢你们的款待。

- Votre aide est très précieuse pour nous.
  你可帮了我们的大忙了!
- Je ne sais pas comment exprimer mes remerciements pour vous/ Je ne sais comment vous remercier.
  我不知道该怎样谢谢您。
- A l'occasion, remerciez-le pour moi!
  有机会的话，请代我谢谢他。

回答 Réponses

- De rien.
  不用谢。
- Avec plaisir.
  很乐意帮助你。
- Je vous en pric.
  不用客气。

- A votre service.
  乐意为您效劳。
- Vous exagérez.
  您过奖了。

对话 Dialogues

Dialogue 1

SoniA: Puis-je vous aider?
索尼娅：我能帮你吗？
Ali: Oui, je pense que je suis perdu.
阿里：是的，我想我是迷路了。
SoniA: Où voulez-vous aller?
索尼娅：你想要去哪里呢？
Ali: Je cherche l'endroit écrit sur le papier. Vous savez où ça se trouve?
阿里：我想找纸上写着的这个地址。你知道在哪里吗？
SoniA: Oui, allez tout droit et puis tournez à gauche.
索尼娅：知道，一直走然后向左拐。
Ali: Merci beaucoup. Votre aide est très précieuse pour moi.
阿里：谢谢。真的非常感谢您的帮助。
SoniA: Je vous en prie. Bonne chance.
索尼娅：不用谢。祝你好运。

Dialogue 2

Monsieur: Madame, est-ce que c'est votre sac?
先生：太太，这是你的包吗？
Madame: Ah, oui, c'est à moi. Je l'ai perdu dans un magasin ce matin. C'est vous qui l'avez trouvé?
太太：哦，是的，是我的。我早上在一个商店里弄丢了。是你找到的吗？
Monsieur: Oui, je l'ai vu sur un banc. J'ai trouvé ta carte d'identité là-dedans, donc, je viens vous chercher selon l'adresse de la carte.
先生：是的，我在一张长凳上看到它的。我在里面看到了您的身份证，所以就根据身份证上面的地址找到了您。
Madame: Vous êtes très gentil, Monsieur, Je ne sais pas comment exprimer mes remerciements pour vous.
太太：您真是太好了，我真不知道该怎么谢您才好。

Monsieru: Je vous en pris, Madame. Mais faite attention la prochaine fois.
先生： 不用客气，太太。不过下次要小心点了。

课文单词 Vocabulaire

coeur	n.m.	心
précieux,se	a.	珍贵的
endroit	n.m.	地点
magasin	n.m.	商店
carte d'identité	n.f.	身份证

语法视窗 Grammaire

动词变位的类型

法语动词由词根和词尾两部分构成。根据词尾的不同可将法语动词大致分为三类：

第一组动词：除了 aller 和 envoyer 之外的，所有词尾为 -er 的动词。这类词的直陈式现在时的变位是去掉动词不定式的词尾 -er 加上 -e, -es, -e, -ons, -ez, -ent，例如：

parler 的直陈式现在时

je parle　　　　　tu parles　　　　　il/elle parle
nous parlons　　　vous parlez　　　　ils/elles parlent

第二组动词：大部分词尾为 -ir 的动词。这类词的直陈式现在时的变位是去掉动词不定式的词尾 -ir 加上 -is, -is, -it, -issons, -issez, -issent，例如：

finir 的直陈式现在时

je finis　　　　　tu finis　　　　　il/elle finit
nous finissons　　vous finissez　　　ils/elles finissent

第三组动词：也称不规则动词，包括不属于以上范围的全部其他动词；其中特别重要的是 avoir 和 être 两个动词，词根变化多，变位复杂，作为助动词使用率高，应特别注意。

avoir 直陈式现在时

j'ai	tu as	il/elle a
nous avons	vous avez	ils/elles ont

être 的直陈式现在时

je suis	tu es	il/elle est
nous sommes	vous êtes	ils/elles sont

第七课 道歉 Les excuses

  基本表达法 Expressions fondamentales

  道歉 Présenter mes excuses

■ Pardon/ Excusez-moi.
   对不起。

■ Pardon, je suis en retard.
   对不起，我迟到了。

■ Excusez-moi de vous déranger.
   请恕我打扰。

■ Excusez-moi de vous avoir fait attendre si longtemps.
   对不起，让您久等了。

■ Excusez-moi, pourriez-vous m'accorder quelques minutes?
   对不起，可以耽误您一会儿吗？

■ Je suis vraiment désolé de vous prendre autant de temps.
   花了您这么多时间，实在是抱歉。

■ Pardon, je ne voulais pas le faire exprès. /Excusez-moi, je ne voulais vraiment pas vous énerver.
   请原谅，我不是有意惹你生气。

■ Je vous présente mes excuses.
   请原谅 。

■ Je m'excuse de mon étourderie.
   请原谅我的冒失 。

■ Je vous prie de m'excuser pour mon inattention.
   请原谅我不小心 。

147

回答 Répenses

- Il n'y a pas de quoi. /Ce n'est pas grave.
  没有关系。
- Ce n'est rien. Vous êtes là, c'est l'essentiel.
  没有关系。您已经来了就行了。
- Ça ne fait rien, Monsieur. Nous vous attendons.
  没有关系，先生。我们等您。
- Ce genre de faute est inexcusable/impardonnable.
  这类错误是不能原谅的。

对话 Dialogues

Dialogue 1

Arthur : Je suis désolé pour mon retard aujourd'hui.
亚瑟：对不起，我迟到了。
Judith: C'est la quatrième fois que tu es en retard pour notre rendez-vous!
朱迪：这是你第四次约会迟到了！
Arthur: Je sais, je sais. Je suis désolé.
亚瑟：我知道，我知道。对不起。
Judith: Tu peux me dire pourquoi? Qu'est-ce qu'il y a?
朱迪：你介意告诉我为什么吗？是不是出了什么事？
Arthur: Il y a toujours des embouteillages à ce moment-là.
亚瑟：这个时候总是很塞车的。
Judith: Ce n'est pas une excuse. Tu dois prévoir plus de temps pour arriver ici.
朱迪：那不是借口。你要给自己多一点时间来这里。
Arthur: Vous avez raison, judith. Je ne serai plus en retard.
亚瑟：你说得对，朱迪。我以后不会迟到了。

Dialogue 2

A: As-tu vu ma chemise bleue?
A: 你看见我的蓝色衬衫了吗?
B: Oh, désolée. J'ai oublié de la prendre au pressing hier.
B: 噢,对不起。我昨天忘了从干洗店那里把你的衬衫拿回来。
A: Bon, maintenant je n'ai pas de chemise pour aller au travail.
A: 现在我没衣服穿去上班了。
B: Je suis vraiment désolée. J'avais pensé que tu as encore une chemise blanche.
B: 真的很对不起。我以为你还有件白衬衫。
A: Je l'ai portée mardi. Elle était plissée.
A: 我星期二就穿过了。皱巴巴的。
B: Bon, je vais la repasser pour toi tout de suite.
B: 我这就马上给你熨好它。
A: Merci.
A: 谢谢。

课文单词 Vocabulaire

étourderie	*n.f.*	冒失
retard	*n.m.*	迟到
rendez-vous	*n.m.*	约会
embouteillage	*n.m.*	塞车
repasser	*v.*	熨烫

语法视窗 Grammaire

> 形容词的性

　　法语中,与名词相搭配的形容词也有性数的变化,并且应该与所修饰的名词保持一致。一般情况下,在形容词的阳性形式后加 -e 就构成形容词的阴性形式。例如：

clair, claire 明亮的　　　　　　dur, dure 硬的

有些阳性形容词变为阴性时，词尾要发生一定的变化，例如：

bon, bonne 好的　　　　　　　muet, muette 哑的

joyeux, joyeuse 快乐的　　　　 bref, brève 简短的

此外，还有一些形容词的阴阳性相同，例如：

large 宽的　　　　　　　　　　utile 有用的

另外有少数形容词是只有阳性或只有阴性形式的，例如：

un air *fat* 自命不凡的神气（只有阳性）

bouche *bée* 张口结舌（只有阴性）

第八课　祝贺，祝愿 Félicitations et vœux

基本表达法 Expressions fondamentales

祝愿 vœux

- Bon anniversaire!
  生日快乐！
- Bonne année!
  新年快乐！
- Bonne fête!
  节日快乐！
- Bonne santé!
  祝您健康！
- Bon appétit!
  祝您好胃口！
- Bon succès dans votre travail!
  祝您工作顺利！
- J'espère que tout ira bien pour vous!
  祝您万事如意！
- (Je vous souhaite un) Bon voyage!
  祝一路平安！
- Veuillez agréer mes salutations les plus distinguées.
  请接受我最衷心的祝愿。
- Je vous souhaite à vous et à votre famille tout le bonheur possible!
  我祝愿您家庭幸福。
- Puissiez-vous réussir vos examens!
  但愿你们考试成功！

- Je souhaite que vous guérissiez bientôt!
  我祝您早日康复!
- Nous souhaitons que vous ayez un plus grand succès encore.
  我们祝愿您取得更大的成就。

祝贺 Félicitations

- Félicitations!
  祝贺你!
- Félicitations pour votre succès au concours!
  恭喜您会考被录取!
- Merci pour vos félicitations/voeux (de bonheur).
  感谢您的祝贺。
- Nous vous présentons toutes nos felicitations pour votre succès!
  我们衷心祝贺您取得的成功!

对话 Dialogues

Dialogue 1

Jacques: Amilie, est-ce que tu es libre ce soir?
雅克: 艾美莉,你今晚有空吗?

Amilie: Oui, mais pourquoi?
艾美莉: 有的,怎么了?

Jacques: C'est mon anniversaire aujourd'hui. Nous arons une fête chez moi. Je voudrais t'inviter si tu es libre.
雅克: 今天是我的生日。晚上在我家里开个生日会,如果你有空的话我想邀请你一起参加。

Amilie: Bien sûr, avec plaisir. Bon anniversaire!
艾美莉: 当然啦,我很乐意去。生日快乐!

Jacques: Merci beaucoup! A ce soir.
雅克: 谢谢!晚上见。

Dialogue 2

Ombeline: Becassine. J'ai entendu dire que tu as été promue.
翁布琳：贝卡西娜，我听说你升职了。
Becassine: Oui, je suis le nouveau chef de vente maintenant.
贝卡西娜：是的，我现在是新销售主管。
Ombeline: Très bien, félicitations.
翁布琳：太棒了。祝贺你。
Becassine: Merci! Mais j'aurai plus de responsabilités.
贝卡西娜：谢谢！但那意味着工作的责任更大。
Ombeline: Ne t'inquiète pas, tu es capable de régler tous les problèmes.
翁布琳：别担心了，你有能力解决所有的问题的。

课文单词 Vocabulaire

fête	n.f.	晚会，聚会
responsabilité	n.f.	责任
inquiéter	v.	担心
régler	v.	解决，处理
capable	a.	有能力的

语法视窗 Grammaire

形容词的数

一般情况下，在形容词的单数形式后加 -s 就构成复数，例如：
un drapeau rouge, des drapeaux rouges 红旗
在形容词以 -s,-x,-z 结尾的情况下，形容词的单复数形式相同，例如：
un livre chinois, des livres chinois 中国书
此外，有一些形容词变为复数时有特殊的变化，例如：
amical, amicaux 友好的   beau, beaux 美丽的
Hébreu, Hébreux 希伯莱的

第九课 赞美 Les compliments

基本表达法 Expressions fondamentales

赞美 Les compliments

- Que vous êtes/tu es belle aujourd'hui!
  你今天真漂亮!
- Vous avez une mine splendide/resplendissante, / Vous avez un visage rayonnant, vous semblez plus jeune!
  您容光焕发，更年轻了。
- Vous êtes très drôle /Vous avez beaucoup d'humour/d'esprit, je suis très heureux de communiquer/ discuter avec vous.
  您很风趣，跟您聊天感到非常愉快。

回答 Réponses

- Merci!
  谢谢!
- Tu es très gentil!
  你真是个好人!
- Tu aime ça vraiment?
  你真的喜欢吗?

对话 Dialogues

Dialogue 1

Félicien : Tu es très belle aujourd'hui.

菲里西安：	你今天真漂亮。
Raoul:	Merc! En fait, je t'admire beaucoup.
拉乌尔：	谢谢你。其实我很羡慕你。
Félicien:	Pourquoi?
菲里西安：	为什么？
Raoul:	Tu es fait au moule et tu es si bien habillée chaque jour.
拉乌尔：	因为你身材很好而且每天都穿的那么漂亮。
Félicien:	Ah bon? Je m'habille avec ce que je peux trouver, c'est tout.
菲里西安：	真的吗？我只是找到什么就匆匆穿上而已。
Raoul:	Ce n'est pas vrai. Tu as un bon goût.
拉乌尔：	那不是真的。你的品味的确很高。
Félicien:	Tu aime ça vraiment?
菲里西安：	你真的喜欢吗？
Raoul:	Oui. Peut-être tu pourrais m'accompagner faire des achats un jour.
拉乌尔：	是的。或许改天我该叫你陪我去购物。
Félicien:	D'accord. Ça me ferait plaisir.
菲里西安：	好的。那将会是件开心的事。

Dialogue 2

Ricouille:	Oh! C'est un bel ordinateur.
里库尔：	哇！你的电脑真漂亮。
Ronan :	Merci. C'est la nouvelle création de IBM.
罗南：	谢谢。这是 IBM 的最新产品。
Ricouille:	Je sais. Je pense qu'il coûte cher.
里库尔：	我知道。我想它一定很贵。
Ronan:	Oui, mais je rêve d'en acheter un.
罗南：	是的。但能拥有它是我一辈子的梦想。
Ricouille:	Moi aussi, mais je n'ai pas assez d'argent. Pour un étudiant, c'est impossible d' épargner une grande somme comme ça.Comment tu as fait ça?
里库尔：	我也想要，但是我不够钱。对一名学生来说，积攒这么大一笔钱几乎是不可能的。你是怎么做到的？

Ronan:	J'ai fait trois job à temps partiel en même temps. En plus, j'ai acquis une bourse d'étudiant de 200 euro.	
罗南:	我同时打三份兼职，而且我得到了200欧元的奖学金。	
Ricouille:	C'est dur. Tu es vraiment capable. Je vais en essayer aussi.	
里库尔:	真不容易啊，你真厉害，我也想试着这样做。	
Ronan:	Oui, c'est pas facile. Il faut bien étudier et bien travailler en même temps. Mais je pense que tu peux réussir aussi. Du courage.	
罗南:	是的，确实不容易，必须同时兼顾学习和工作。不过我相信你可以成功的，加油。	
Ricouille:	Merci beaucoup!	
里库尔:	谢谢你!	

课文单词 Vocabulaire

jeune	*a.*	年轻的
ordinateur	*n.m.*	电脑
coûter	*v.*	值……钱
rêver	*v.*	做梦，梦想
épargner	*v.*	积攒
bourse	*n.f.*	奖学金

语法视窗 Grammaire

　　法语中，形容词可分为品质形容词和非品质形容词两类。品质形容词即一般形容词，而非品质形容词则是指除冠词外的限定词，包括有指示形容词，主有形容词，疑问形容词和感叹形容词等四类。

指示形容词

　　放在名词之前，有"这个"、"那个"的意思。它必须和名词性数一致。

单数 Singulier		复数 Pluriel
阳性 Masculin	阴性 Féminin	阳性和阴性 Masculin et Féminin
ce(cet)	cette	ces

cet 用于元音或哑音 h 开头的阳性名词之前。例如：

ce livre   *cet* homme   *cettte* maison   *ces* animaux

如果要明确区别"这个"和"那个"，就在名词后加上 -ci 或 - là。例如：

ce crayon-ci 这支铅笔   ce crayon-là 那支铅笔

在名词前用了指示形容词就不再用冠词了。

品质形容词的位置

品质形容词作表语时放在系词后面。例如：

Sa chemise est blanche。他的衬衫是白色的。

作形容语时则放在名词后面，例如：

 un livre franÇais 一本法语书   deux chaises neuves 两张新椅子

但是有几个最常用的形容词如 grand, petit, beau 等，要放在名词前面，例如：un bel ami 一个漂亮的朋友， une petite pomme 一个小苹果

第十课 打电话 Téléphoner

基本表达法 Expressions fondamentales

 呼叫 Téléphoner

- Allô, bonjour, je voudrais parler à Marie de la part de Pièrre.
  喂，您好，我是皮埃尔，我想和玛丽女士通话。
- Allô, je suis bien au 52 66 88 20?
  喂，是 52 66 88 20 吗？
- Bonjour, je suis Pièrre. Pourrais-je parler à Marie s'il vous plaît?
  您好，我是皮埃尔，我能和玛丽通话吗？
- Allô, bonjour, c'est Monsieur Li, je voudrais parler à Marie.
  喂，这是李先生，我想和玛丽小姐通话。
- Allô, excusez-moi de vous déranger, pourriez-vous me passer Louise s'il vous plaît?
  喂，请原谅我打扰了您，请叫一下路易斯好吗？

 回答 Réponses

- C'est de la part de qui?
  请问您是谁？
- Il n'est pas là, voulez-vous laisser un message?
  他现在不在，您要留言吗？
- La ligne est occupée, veuillez patienter.
  电话占线了，请您稍等一下。

VII. 日常交际用语·第十课 打电话

■ J'ai été très heureux de pouvoir vous parler. Au revoir Monsieur.
很高兴能和您通话，再见，先生。

■ Merci de m'avoir appelé.
谢谢您给我来电话。

对话 Dialogues

Dialogue 1

Viane: Allô?
维安娜：喂？

Edmond: Bonjour, je suis Edmond. Pourrais-je parler à Marie s'il vous plaît?
埃德蒙：你好，我是埃德蒙。请问玛丽在吗？

Viane: Marie n'est pas là à ce moment.Tu veux laisser un message?
维安娜：玛丽现在不在，你要留言吗？

Edmond: Oui, merci. Je l'appelle pour la demander si elle peux venir dîner ce samedi soir?
埃德蒙：我只是打电话来看看她这个星期六晚上能不能过来吃饭。

Viane: C'est pour quelle occasion?
维安娜：是为了什么而吃饭呢？

Edmond: C'est seulement pour célébrer la fin du semestre. J'ai invité quelques camarades à dîner.
埃德蒙：只是为了庆祝学年结束，我请了好几个同学来吃饭。

Viane: D'accord, à quelle heure doit-elle arriver?
维安娜：好的，她要在什么时候到？

Edmond: 7 heures à peu près.
埃德蒙：大约7点钟到这儿吧。

Viane: Bon. Je le lui dirai dès qu'elle sera rentrée.
维安娜：好的，她一回来我就告诉她。

Edmond: Merci beaucoup. Au revoir.
埃德蒙：谢谢你，再见。

Viane: Au revoir.

维安娜： 再见。

Dialogue 2

Marie-jeanne: Allô?
玛丽-让娜： 喂？
Alfred: Allô. C'est vous qui avez une chambre à louer?
阿尔弗雷德： 你好，你是那个有房出租的人吗？
Marie-jeanne: Oui, c'est moi. Je m'appelle Marie-jeanne.
玛丽-让娜： 是的，我是。我的名字是玛丽-让娜。
Alfred: Je m'appelle Alfred. J'ai vu votre annonce dans le journal
阿尔弗雷德： 我的名字是阿尔弗雷德。我在报纸上看到你的广告。
Marie-jeanne: Oui. Donc voulez vous louer la chambre?
玛丽-让娜： 哦，是的。那你是想要租那个房间吗？
Alfred: Alors, je voudrais la voir. C'est une chambre donnant sur un jardin, n'est-ce pas?
阿尔弗雷德： 我是想看看。那是一间朝向花园的房间，对吗？
Marie-jeanne: Oui, la chambre vient d'être repeinte et j'ai changé le lit.
玛丽-让娜： 是的。房间刚刚重漆过，而且换了张新床。
Alfred: Combien coûte la location?
阿尔弗雷德： 你租金多少钱？
Marie-jeanne: Trois cents euros, mais c'est négociable.
玛丽-让娜： 我要价300欧元，但我们还可以商量。
Alfred: D'accord. Pourrais-je venir la voir?
阿尔弗雷德： 好的。你介意我过来看看吗？
Marie-jeanne: Bien sûr. Pas de problème. Quand voulez-vous venir?
玛丽-让娜： 当然没问题。你什么时候方便呢？
Alfred: Demain matin, à 10 heures. Ça t'irait.
阿尔弗雷德： 明天上午十点。你方便吗？
Marie-jeanne: Ça va. À demain.
玛丽-让娜： 可以，那明天见。
Alfred: Très bien. À demain.
阿尔弗雷德： 太好了。到时见。

VII. 日常交际用语・第十课 打电话

课文单词 Vocabulaire

déranger	v.	打扰
semestre	n.m.	学期
louer	v.	租
repeindre	v.	重新油漆
négociable	adj.	可商量的

语法视窗 Grammaire

形容词的比较级和最高级

1. 比较级 在形容词的原级之前加副词 plus, aussi 或 moins 构成。比较级之后用连词 que 和相互比较的第二个成分连接起来。例如：

Paul est plus grand que Anne. 保尔比安娜高。
Paul est aussi grand que Anne. 保尔和安娜一样高。
Paul est moins grand que Anne. 保尔比安娜矮。

2. 最高级 在形容词原级之前加定冠词或主有形容词，然后加 plus 或 moins 构成。在与之相比较的事物前加 de 来限定范围。例如：

Robert est le plus grand de sa classe. 罗伯特是他班里最高的。

第十一课　在飞机场　A l'aéroport

 基本表达法 Expressions fondamentales

 询问 Se renseigner

- Quelle est la durée du vol, s'il vous plaît?
  请问飞机大约要飞多长时间?
- Où se trouvent le(s) fourgon(s) à bagages, s'il vous plaît?
  哪里有行李车?
- A quelle heure commence le contrôle du billet?
  机场何时开始检票?
- Je voudrais savoir par quelle entrée/porte monter dans l'avion 1804, s'il vous plaît.
  请告诉我1804次班机在几号登机口登机?
- Pourriez-vous me dire où se trouve l'entrée Nº10 / la porte (Nº) 1O?
  您能告诉我10号登机门在哪里吗?
- C'est ici qu'on remplit les formalités pour monter dans l'avion?
  请问这里是办理登机手续的地方吗?
- Où se trouve le bureau de renseignements, s'il vous plaît?
  请问哪里是问讯处?
- A quelle heure décolle le prochain avion d'ici à Londres / A quelle heure est le prochain vol pour Londres?
  下一趟飞伦敦的班机何时起飞?
- A quelle heure (heure locale) atterrit cet avion à Londres?
  这班机抵达伦敦是在当地时间几点?

■ Est-ce qu'il y a des ATM (distributeurs automatiques) ou des banques à l'aéroport?
机场里有取款机（银行）吗？

要求 Exigences

■ Je voudrais deux billets d'avion pour Lyon le 4 mai.
我想要两张5月4日去里昂的机票。

■ Je voudrais annuler ce billet d'avion et le changer pour le vol (de ligne) 530 en direction de Pan Am, s'il vous plaît.
请帮我取消这班飞机的票，换成泛美航空530次班机。

■ Pourriez-vous chercher sur d'autres compagnies des vols pour New York, s'il vous plaît.
请帮我查一下其他航空公司去纽约的班机。

■ Je voudrais une place fumeurs, s'il vous plaît.
我想要一个吸烟区的座位。

■ Je voudrais un siège près de la fenêtre (couloir), s'il vous plaît.
请帮我安排一个靠近窗子（走廊）的座位。

 对话 Dialogues

Dialogue 1

A: Bonjour, c'est ici qu'on remplit les formulaires /régle les formalités pour monter dans l'avion UK780 pour Londres?

A: 您好，请问前往伦敦的UK780航班是在这里办理登机手续吗？

B: Oui, montrez-moi votre passeport et votre billet. Combien de bagages avez-vous à enregistrer?

B: 是的，请给我您的护照和机票，请问您有几件行李需要登记？

A: Deux valises et un sac à main.

A: 两个旅行箱，一个随身携带的手提包。

B: Veuillez vérifier qu'il y ait bien votre nom et adresse inscrits sur chaque bagage, et mettez-les sur le tapis roulant.

B: 请确认每个行李上都有您的名字和地址。然后把行李放在传送带上。

A: C'est bon.

A: 好的。

B: Merci, voilà votre billet, passeport, carte d'embarquement et bulletin de bagages. L'embarquement est à l'entrée Nº6.

B: 谢谢，这是取行李用的凭证、机票、护照和登机证，请收好，别忘了您的班机的登机门是六号。

A: Merci. Mais où se trouve l'entrée Nº6, s'il vous plaît?

A: 谢谢，请问六号登机门在哪里？

B: Marchez tout droit et puis tournez à droite, vous la trouverez.

B: 请一直往前走，然后右转。

A: Merci beaucoup.

A: 谢谢。

Dialogue 2

Paul: Dites-moi, s'il vous plaît, à quelle heure part l'avion pour Hong Kong?

保尔： 请问飞往香港的飞机何时起飞？

Employé: A onze heures juste. Vos billets s'il vous plaît.

职员： 十一点整。请把你的机票给我。

Paul: Les voici. Combien de kilos est-on autorisé à prendre en avion?

保尔： 这就是。可以带多少千克的行李上飞机？

Employé: Jusqu'à vingt kilos par personne.

职员： 每人至多二十千克。

Paul: Le vol est-il direct?

保尔： 飞机是直飞香港的吗？

Employé: Non, vous ferez escale à Shenzhen.

职员： 不，你们将在深圳停留。

Paul: Combien de temps prendra le vol?

保尔： 这次飞行需要多少时间？

Employé: Environ douze heures.
职员：大约 12 小时。
Paul: Quand pourrions-nous prendre place dans l'avion?
保尔：我们什么时候可以上机？
Employé: Le haut-parleur va l'annoncer.
职员：广播将会通知登机时间。
Paul: Est-ce que le temps est favorable au vol?
保尔：今天的天气适合飞行吗？
Employé: Mais oui, il fait beau temps aujourd'hui. Est-ce la première fois?
职员：当然可以。今天的天气很好。你们是第一次搭飞机吗？
Paul: Oui, c'est la première fois. Je suis un peu nerveux.
保尔：是的，我第一次坐飞机，有点紧张。
Employé: Ne vous inquiétez pas. Le haut-parleur vous appelle. Suivez-moi s'il vous plaît.
职员：别担心。广播在叫你们上机了。请跟我来。

课文单词 Vocabulaire

bagage	*n.m.*	行李
billet	*n.m.*	票
décoller	*v.*	（飞机）起飞
atterrir	*v.*	着陆
annuler	*v.*	取消
enregistrer	*v.*	登记
embarquement	*n.m.*	登机，上船
haut-parleur	*n.m.*	广播

语法视窗 Grammaire

人称代词 le, la les

人称代词 le, la les 代替一个作为直接宾语的确指的名词（即前面有定冠词，指示形容词或主有形容词的名词）。这些代词放在动词前面。

le 代替单数阳性名词
la 代替单数阴性名词
les 代替复数名词

例如：
-Lisez-vous ce livre? 您看这本书吗？
-Je *le* lis. 我在看。(le=ce livre)
-Voyez-vous ma nouvelle jupe? 看到我的新裙子了吗？
-Je *la* vois. 我看到了。(la=ma jupe)
Le 或 la 在以元音字母或哑音字母 h 开头的词前，变成 l'。
-Aimez-vous cette armoire? 你们喜欢这个衣柜吗？
-Nous *l'* aimons. 我们喜欢。(l'=cette armoire)

第十二课　在飞机上 Dans l'avion

基本表达法 Expressions fondamentales

旅途中 Pendant le voyage

- Bonjour, voici ma carte d'embarquement, pourriez-vous m'aider à trouver ma place?
  您好，这是我的登机牌，您可以帮我找一下座位吗？

- Pourriez-vous m'aider à placer (ranger, faire /trouver une place pour) mes bagages?
  您可以帮我放一下行李吗？

- Qu'est-ce que vous avez comme boissons?
  请问都有些什么饮料？

- Pourrais-je avoir un autre café s'il vous plaît?
  我可以多要一杯咖啡吗？

- Puis-je changer de place?
  可以调换座位吗？

- Combien d'heures reste t-il pour arriver?
  我们还要多久到达？

晕机 Mal de l'air

- J'ai un peu le mal de l'air.
  我觉得有些晕机。

- Pourriez-vous me donner un sac plastique? J'ai le mal de l'air.
  可以给我一个晕机的袋子吗？

■ Pourriez-vous me donner des médicaments contre le mal de l'air.
请给我一点晕机药。

对话 Dialogues

Dialogue 1

Hôtesse de l'air(H): Monsieur, veuillez attacher votre ceinture de sécurité, s'il vous plaît.

空姐：先生，请系好安全带。

Passager (P): Merci. Pourriez-vous m'apporter à boire, s'il vous plaît?

乘客：谢谢。能给我点喝的吗？

H: Bien sûr. Voulez-vous du café ou un jus de fruit?

空姐：当然了。您要咖啡还是果汁？

P: Un café, merci.

乘客：来杯咖啡吧。谢谢。

P: Pourriez-vous m'apporter quelques journaux chinois à lire?

乘客：您能给我些中文报纸吗？

H: Je suis désolé, nous n'avons que des magazines chinois.

空姐：对不起，我们只有中文杂志。

P: Bien, donnez moi en un. Mademoiselle, à quelle heure arriverons-nous à Paris?

乘客：那给我拿一本吧。请问，我们几点到巴黎？

H: La durée du vol entre Chengdu et Paris est de 13 heures, nous arriverons à 17 heures demain après-midi (Heure locale).

空姐：从成都到巴黎要飞13个小时，明天下午17：00到。

P: Combien y a t-il d'heures de décalage horaire?

乘客：有几个小时的时差？

H: 7 heures. Vous pouvez vous reposer maintenant.

空姐：7小时时差。您现在可以好好睡一觉。

Dialogue 2

Passager: Excusez-moi. Pourriez-vous me donner un sac plastique? Je me sens mal.

乘客：打扰一下。可以给我一个晕机的袋子吗?我觉得不舒服。

Hôtesse de l'air: Oui, bien sûr. Vous avez le mal de l'air?

空姐：是的，当然可以。您晕机吗？

Passager: Oui, je pense.

乘客：我想是的。

Hôtesse de l'air: Voici le sac. Attendez un peu, je vais vous apporter des médicaments contre le mal de l'air.(...)Tenez, prennez-les avec l'eau tiède.

空姐：这是晕机袋。稍等一下，我去拿些晕机药给您。(……) 这是晕机药，用温开水送服。

Passager: Merci beaucoup. Je me sens mieux maintenant. Je veux me reposer un peu, pourriez-vous me donner une couverture?

乘客：谢谢你，我现在好点了。我想睡一下，您能帮我拿一条毯子来吗？

Hôtesse de l'air: Oui, bien s-ûr. Voilà. Si vous arez encore des problèmes, ne vous empêchez pas de nous appeler. Bon voyage.

空姐：当然可以。这是毯子。如果您还有什么问题，请尽管向我们提出。祝您一路平安。

Passager: Merci beaucoup, Mademoiselle.

乘客：谢谢你，小姐。

课文单词 Vocabulaire

attacher	v.	系，绑，扣
ceinture de sécurité		安全带
décalage horaire		时差
attendre	v.	等待

médicament　　　　　*n.m.*　　　药物

语法视窗 Grammaire

主语为人称代词时疑问式的构成

第一式：把主语代词移到动词后面，这样的位置称为倒装。例如：
Parles-tu français? 你会说法语吗？

在第三人称单数疑问式中，如果动词是以元音字母e,a结尾的，为了读音方便，通常在动词和代词之间插入一个字母t，并在两边各加一个加连字符。例如：
Parle-t-il français? 他会说法语吗？

第二式：在肯定式前面加疑问短语，est-ce que. 例如：
Est-ce que tu parles français? 你会说法语吗？
Est-ce qu'il parle français? 他会说法语吗？

当动词为第一组时，第一人称单数的疑问式通常只用第二式，例如：
Est-ce que je peux entrer? 我可以进来吗？

第十三课 出入境 Franchir la frontière

 基本表达法 Expressions fondamentales

 入境审查 Inspection à la douane

- D' où venez-vous?
  你从哪里来?
- Pourquoi vous venez en France?
  你来法国的目的是什么?
- Je viens pour visiter / raison touristique.
  我是来旅游的。
- Je viens ici avec un groupe de touristes.
  我是跟旅行团来的。
- Je viens ici pour mission.
  我来这里出差。
- Combien de temps envisagez-vous de rester en France?
  你打算停留多长时间?

 领取行李 Retirer les bagages

- J'ai perdu un bagage.
  我的行李丢了一件。
- Mes bagages sont abîmés, où puis-je me faire dédommager?
  我的行李坏了,我想要求赔偿,该去哪里办理相关手续呢?
- Où se trouve le fourgon à bagages?
  请问行李车在哪里?

通过海关 Passer la douane

■ Dans votre pays, quels articles doivent être déclarés?
在贵国，哪些东西在申报之列？

■ Pourriez-vous me dire pour quels articles je dois payer une taxe?
你能告诉我哪些东西要上税吗？

■ Montrez-moi votre déclaration de douane.
请出示海关申报单。

■ Je suis exempt de contrôle.
我有免检证。

■ C'est bon, est-ce qu'il y a d'autres formalités?
海关手续就这些吗？

■ Est-ce que vous avez quelque chose à déclarer?
您有要报关的物品吗？

■ Dois-je payer une taxe pour ces articles?
这些要交税吗？

对话 Dialogues

Dialogue 1

A: Bonjour, est-ce que c'est le guichet pour les étrangers?
A: 您好，请问是非本国人窗口吗？
B: Oui, montrez-moi votre passeport, visa, billet d'avion et autres formalités.
B: 是的，请把护照、签证、机票和入境登记表给我。
A: Bien, voilà.
A: 好的，给您。
B: Pourquoi vous venez en France?
B: 你来法国的目的是什么？
A: Je viens ici pour faire un voyage.
A: 我来这里旅游。
B: Est-ce que vous avez des proches ou amis en France?

B: 你在法国还有别的亲戚朋友吗?
A: Oui, un camarade d'école.
A: 有一个同学。
B: Combien de jours envisagez-vous de rester en France?
B: 你打算在法国呆多长时间?
A: Trois semaines environ, et puis je dois rentrer en Chine, parce que je dois travailler.
A: 大约3周，然后我就必须回国了，因为要工作。
B: Si c'est possible, vous vous installerez en France?
B: 如果有机会，你会在法国定居吗?
A: Bien sûr que non, parce qu'en Chine j'ai un bon travail, et je mène une vie confortable avec ma famille.
A: 当然不会了，因为我在中国有一个很体面的工作，我生活得很好，而且我的家人都在中国。
B: Bon, tout est en règles, vous pouvez passer maintenant.
B: 好了，手续办好了，您可以通过了。

Dialogue 2

A: Bonjour, voilà ma déclaration de douane.
A: 您好，这是我的申报表。
B: Merci, est-ce que vous avez quelque chose de spécial à déclarer?
B: 好的，你有什么东西需要特别申报吗?
A: Je ne crois pas, j'ai acheté un ordinateur dans un magasin, mais c'est pour mon utilisation personnelle.
A: 好象没有，我在商店买了一部电脑，不过是我自己用的。
B: Bien, je vois, mais ouvrez votre valise s'il vous plaît. Je dois vérifier.
B: 明白了，麻烦您把箱子放到柜台上打开好吗?我必须看一下。
A: Pas de problème.
A: 好的。
B: Est-ce que vous vous souvenez à quand remonte votre dernier rappel de vaccin?
B: 你记得自己最后一次做预防注射是什么时间吗?
A: Il y a 4 jours. Voilà mon certificat de santé.

173

A: 四天前，这是我的健康证明。
B: Merci, vous pouvez passer maintenant.
B: 没有问题了，你可以顺利通关了。

课文单词 Vocabulaire

douane	*n.f.*	海关
envisager	*v.*	预计，打算
abîmer	*v.*	损坏
dédommager	*v.*	赔偿
déclarer	*v.*	申报
vérifier	*v.*	检验

语法视窗 Grammaire

主语为名词时疑问式的构成方法

主语如果是名词，构成疑问式时就有两种情况。

1. 句子中没有疑问词

第一式：在肯定句的谓语动词后插入一个与主语相同性数的人称代词，例如：

Mon professeur est grand. 我的老师很高。

Votre professeur est-*il* grand? 你的老师高吗？

第二式：在肯定句前加上est-ce que。例如：

Est-ce que votre professeur est grand? 你的老师高吗？

2. 句子中有疑问词

第一式：在肯定句的谓语动词后插入一个与主语相同性数的人称代词，并在句前加上疑问词。例如：

Comment Mme.Zhang parle-*t-elle*? 张太太说得怎么样？

第二式：肯定句主谓倒装，并在句前加上疑问词。例如：

***Comment parle Mme.Zhan**g*? 张太太说得怎么样？

第十四课　乘坐火车 Prendre le train

 基本表达法 Expressions fondamentales

 在车站买票 Acheter des billets à la gare

■ Où se trouve les guichets pour acheter des billets, s'il vous plaît?
请问售票口在哪里？

■ Je veux aller à Paris demain, pourriez-vous me dire les horaires des trains pour Paris?
我想明天去巴黎，请问有几点的火车？

■ Un aller simple pour Paris s'il vous plaît.
买一张到巴黎去的单程车票。

■ Je voudrais un billet aller-retour pour Paris.
买一张去巴黎的往返票。

■ Est-ce qu'il y a des billets moins chers?
有没有便宜一些的车票？

■ Combien d'heures faut-il pour arriver à Paris?
到巴黎火车要开多久？

■ C'est un train direct?
这是一趟直达车吗？

■ Vous n'avez pas de correspondance, ce train va directement à Paris.
你不用转车，火车直达巴黎。

在车厢 Dans les wagons

- Pardon/Excusez-moi, ce siège est pris?
  这个座位有人吗?
- Où est mon siège, s'il vous plaît?
  请问我的座位在哪里?
- Puis-je fumer ici?
  我可以吸烟吗?
- Puis-je ouvrir la fenêtre?
  可以开窗吗?
- Puis-je changer de place avec vous?
  可以和你换个座位吗?
- Puis-je poser cela ici?
  我可以把这个放在这里吗?
- Quel est le prochain arrêt?
  下一站是哪儿?
- A quelle heure arrive le train à Paris?
  几点到巴黎?
- J'ai perdu mon billet.
  我把票弄丢了。

对话 Dialogues

Dialogue 1

Robert : Bonjour!Voulez-vous prendre ces bagages?
罗伯特：你好!请把这些行李拿到行李房。
Porteur : Avez-vous votre billet, Monsieur?
搬运工：先生，你有车票了吗?
Robert : Ah, non, je n'ai ps encore acheté de billet. Où puis-je en prendre un?
罗伯特：啊!我还没买票。在哪里可以买到票?
Porteur : A gauche, au troisième guichet.
搬运工：靠左边的第三个窗口。
Robert : Merci! (...)Un billet de première classe pour Paris, s'il vous plaît. Combien coûte le billet?
罗伯特：谢谢!(……) 买一张到巴黎的一等车票。多少钱?
Employé: Dix euros.
职员：十欧元。
Robert : A quelle heure le train part-il?

罗伯特：	火车什么时候开？
Employé:	Dans dix minutes.
职员：	十分钟之后。
Robert:	Merci beaucoup.
罗伯特：	谢谢你。
Employé:	Avec plaisir.
职员：	不用客气。

Dialogue 2

Robert:	Excusez-moi, quel est le quai pour le train de Paris?
罗伯特：	打扰一下，请问到巴黎去的列车在哪个月台上车？
Employé:	Quai trois.
职员：	三号月台。
Robert:	Où est le compartiment numéro sept?
罗伯特：	七号车厢在哪里？
Employé:	Venez avec moi, Monsieur. Voici votre place.
职员：	先生，请跟我来。这是您的座位。
Robert:	Merci. A quelle heure ouvre le wagon-restaurant?
罗伯特：	餐车什么时候开始营业？
Employé:	A onze heures.
职员：	十一点钟。
Robert:	A quelle heure le train arrive-t-il à Paris?
罗伯特：	列车几点到达巴黎？
Employé:	A minuit.
职员：	午夜十二点。
Robert:	Réveillez-moi une demi-heure avant l'arrivage, s'il vous plaît.
罗伯特：	请在到达前半小时叫醒我。
Employé:	Oui, Monsieur.
职员：	好的，先生。

法语 入门速成班

课文单词 Vocabulaire

gare	*n.f.*	火车站
guichet	*n.m.*	营业窗口
wagon	*n.m.*	车厢
siège	*n.m.*	座位
quai	*n.m.*	站台，月台
compartiment	*n.m.*	车厢
wagon-restaurant	*n.m.*	餐车

语法视窗 Grammaire

无人称短语 il y a

1. il y a 表示"有"的意思。主语 il 是无人称代词，没有性数变化。短语后面的直接宾语可以是单数也可以是复数。例如：

    Il y a *une faute* dans votre dictée. 你的听写里有一个错。

    Il y a *des fautes* dans votre dictée. 你的听写里有些错。

2. 否定式：Il n'y a pas...

    Il n'y a pas de faute dans votre dictée. 你的听写里没有错。

3. 疑问式：Y a-t-il...?

    Y a-t-il des fautes dans dictée? 你的听写里有错吗？

泛指人称代词 on

泛指人称代词 on 是"有人"、"人们"的意思，只能用来作主语。On 可以代替单数和复数，但是在语法形式上永远是单数第三人称。例如：

On sonne. 铃响了。

On cause. 人们／我们在聊天。

On va à la piscine. 我们／他／人们去游泳池。

第十五课 乘坐轮船 Prendre le bateau

 基本表达法 Expressions fondamentales

 在码头 Au quai

■ Je voudrais réserver une place pour Marseille en deuxième classe.
我想买一张去马赛的二等舱船票。

■ A quelle heure est-ce que le bateau lève l'ancre? / A quelle heure part le bateau?
请问，轮船什么时候起航？

■ Tout au long du trajet, à quels endroits accoste notre bateau?
我们的船沿途都在哪些地方靠岸？

■ Combien (Ça) coûte un billet en première classe?
一等舱的票价是多少？

 在船上 A bord

■ Est-ce que nous devons rester dans ce port pendant longtemps?
我们要在港口停留很长时间吗？

■ A quelle heure arrive-t-il ce paquebot?
轮船什么时候到？

■ J'ai un peu le mal de mer.
我有些晕船。

■ Auriez-vous des médicaments, s'il vous plaît.
请给我一些药。

■ Puis-je faire une promenade sur le pont?
现在可以到甲板上去看看吗？

对话 Dialogues

Dialogue 1

A: Bonjour. Je voudrais réserver deux places pour Marseille. Ça fait combien?

A: 你好。我想订两张去马赛的船票。一共多少钱？

B: En première classe ou deuxième classe?

B: 一等舱船票还是二等舱船票？

A: Quelles sont les differences?

A: 有什么区别？

B: Les places de première classe sont plus luxueuses que celles de deuxième, mais c'est relativement plus cher.

B: 一等舱比二等舱豪华一些，不过票价也相应高一些。

A: Donc, je veux deux billets de deuxième classe.

A: 那我要两张二等舱的船票就好了。

B: Bon. Deux billets en deuxième classe pour Marseille, ça fait soixante-dix euros.

B: 好的，两张去马赛的二等舱船票，一共是70欧元。

A: D'ailleurs, à quelle heure part le bateau?

A: 此外，请问一下轮船什么时候起航？

B: Le bateau part à 3h.

B: 三点钟开船。

Dialogue 2

Employé: Bonjour, Madame! Qu'est-ce que je peux pour vous aider?

职员: 你好，太太，有什么我能帮你的吗？

Passager: Oui, merci. Je préfére la cabine près de la proue. Pouvez-vous m' arranger ça?

乘客: 是的，谢谢。我比较喜欢靠近船头的位置，您是否可以帮

	我调整一下。
Employé:	Bon, on va voir.
职员：	好的，我试试看。
Passager:	Merci. En plus, peut-on faire un tour sur le pont?
乘客：	谢谢。还有，我们可以到甲板上走走吗？
Employé:	Certainement.
职员：	当然可以。
Passager:	Donc, je voudrais réserver deux fauteuils sur le pont.
乘客：	那我想要订两张甲板上的躺椅。
Employé:	Oui, Madame.
职员：	好的，太太。
Passager:	Je vous en remercie beaucoup.
乘客：	非常感谢。
Employé:	Je vous en pris. Bon voyage!
职员：	乐意为您效劳。一路平安！

课文单词 Vocabulaire

réserver	v.	预订
bateau	n.m.	船
accoster	v.	（船）靠岸
relativement	adv.	相对地
luxueux, se	a.	奢侈的，豪华的
proue	n.f	船头
fauteuil	n.m.	躺椅，扶手椅

语法视窗 Grammaire

直陈式最近将来时

最近将来时由半助动词 aller 加动词的不定式构成，表示就要发生的动作。使用 aller 的直陈式现在时表示现在将要发生的动作；而用 aller 的未完成过去时表示过去将要发生的动作。例如：
  Je *vais rentrer* chez moi pendant le Nouvel An. 新年的时候我要回家去。
  Il *allait dîner* à ce moment-là. 他那时正要去吃晚饭。

直陈式最近过去时

  最近过去时由半助动词venir加介词de再加动词不定式构成。如果使用venir的直陈式现在时表示相对于现在刚完成的动作，而使用venir的未完成过去时表示的是相对于过去刚完成的动作。例如：
  Le semestre *vient de prendre* fin. 学期刚刚结束了。
  Je *venais de finir* mes devoirs à ce moment-là. 我那时刚做完作业。

第十六课　住宿 Se loger

基本表达法 Expressions fondamentales

关于酒店 A propos des hôtels

- Votre hôtel a combien d'étoiles, s'il vous plaît?
  请问贵酒店是几星级酒店?
- Où se trouve votre hôtel?
  请问贵酒店位于哪儿?
- Est-ce qu'il y a des lieux de divertissement près de votre hôtel?
  请问酒店附近有什么娱乐场所?
- Est-ce que votre hôtel peut aller accueillir les clients à l'aéroport?
  请问酒店是否可以派车到机场接人?

关于房间 A propos des chambres.

- Quels sont les standards des chambres de votre hôtel?
  请问贵酒店房间有哪些种类?
- Quel est le prix de cette chambre (par jour)?
  每天房费是多少钱?
- Le petit déjeuner est compris dans le prix des chambres?
  房费中包括早餐的费用吗?
- Petit déjeuner compris?
  这个价格包括早餐吗?
- Est-ce que vous avez des chambres libres?
  有空余房间吗?

- Je voudrais une chambre double avec salle de bain.
  我要一间有浴室的双人房间。

 酒店服务 Service dans l'hôtel

- Pourriez-vous me présenter les services offerts par l'hôtel?
  您能不能给我说一下酒店的服务情况?
- Où se trouve la blanchisserie?
  脏衣服送到哪里去洗?
- Où puis-je acheter des souvenirs?
  请问哪里可以买到纪念品呢?
- Je voudrais savoir si je peux rester deux jours de plus /prolonger (mon séjour) de deux jours.
  我想知道是否可以延长两天。
- Pourrais-je changer de chambre, c'est un peu trop bruyant ici.
  能给我换个房间吗?这儿太吵了。
- J'ai quelques problèmes avec la télévision.
  电视机好像有些毛病。
- Merci pour votre service.
  非常感谢您的服务。
- Je voudrais régler la chambre maintenant.
  我想现在结账。
- Puis-je payer par carte de crédit?
  我可以用信用卡支付吗?
- Je voudrais une facture / un reçu.
  我要一张发票。

对话 Dialogues

Dialogue 1

A: Monsieur, à quel numéro de chambre logez-vous?

A: 先生，您住几号房间？

B: Je loge dans la chambre 2010, voici ma carte de chambre.

B: 我住2010，这是我的房卡。

A: Monsieur, suivez-moi, S.V.P. Voici votre chambre. Vous n'avez qu'à insérer la carte pour ouvrir la porte. Si vous avez besoin de quoi que ce soit, vous pouvez nous appeler à n'importe quelle heure.

A: 先生，请跟我来。这就是您的房间，您只要将卡插到门上就行了。您有什么需要的话可以随时给我们打电话。

B: Est-ce qu'il est possible d'appeler à l'étranger depuis le téléphone de ma chambre?

B: 谢谢。房间里的电话可以打国际长途吗？

A: Oui, mais il faut d'abord composer le zéro.

A: 可以，不过要先拨零。

B: Merci, c'est vraiment pratique.

B: 谢谢，还挺方便的。

Dialogue 2

Délégation éducative chinoise(D): Allô! Bonjour! Est-ce que c'est l'Hôtel Saint-Michel? Ici, c' est la Délégation éducative chinoise. Est-ce que vous avez des chambres libres?

代表团：喂，您好!请问是圣-米歇尔旅馆吗？我这是中国教育代表团。你们有空房间吗？

Réceptionniste(R): Oui. Avez-vous fait une réservation?

接待员：有的。你们预定房间了吗？

D: Non, pas encore.

代表团：不，还没有。

R: Quelle chambre voulez-vous?

接待员：	您需要什么房间？
D:	Nous voulons deux chambres simples, quatre chambres doubles avec salle de bain.
代表团：	要两个单人房间和四个带浴室的双人房间。
R:	Bon. C'est pour combien de jours?
接待员：	好的。你们住几天？
D:	Seulement deux jours. Quel est le prix de la chambre par jour?
代表团：	只住两天。多少钱一天？
R:	Trente euros par jour. Voici la clef de chambre. Vous avez la chambre N° 219, au 2e étage.
接待员：	一天30欧元。这是房间的钥匙。您的房间是219号，在3层。
D:	Merci beaucoup.
代表团：	谢谢。

课文单词 Vocabulaire

divertissement	n.m.	娱乐
aéroport	n.m.	机场
blanchisserie	n.f.	洗衣店
facture/reçu	n.f./n.m.	发票
insérer	v.	插入
prix	n.m.	价格

语法视窗 Grammaire

直陈式简单将来时

简单将来时表示将来发生的行为或状态。它是在动词不定式后加上词尾 -ai, -as, -a, -ons, -ez, -ont 构成的。如果动词不定式是以 -re 结尾的，则去掉 -e 再加上相应的词尾。例如：

parler 的简单将来时

je parler*ai*　　　　tu parler*as*　　　　il/elle parler*a*

nous parler*ons*	vous parler*ez*	ils/elles parler*ont*

attendre 的简单将来时

j'attendr*ai*	tu attendr*as*	il/elle attendr*a*
nous attendr*ons*	vous attendr*ez*	ils/elles attendr*ont*

但是应注意有些动词的变位比较特殊，例如：

avoir 的简单将来时

j'aurai	tu auras	il/elle aura
nous aurons	vous aurez	ils/elles auront

être 的简单将来时

je serai	tu seras	il/elle sera
nous serons	vous serez	ils/elles seront

第十七课　用餐 Prendre le déjeuner

 基本表达法 Expressions fondamentales

 询问餐厅 Chercher un restaurant

- Est-ce qu'il y a un bon restaurant près d'ici, s'il vous plaît?
  请问附近有好餐馆吗?
- Je cherche un restaurant pas cher.
  我想去一家价位合理的餐厅。
- Je voudrais prendre le déjeuner dans un restaurant calme.
  我想去一家比较安静的餐厅。
- Je voudrais goûter des plats typiques du pays, où dois-je aller?
  我想品尝一下当地的特色菜,去哪家餐厅合适呢?
- Est-ce qu'il faut réserver les places pour dîner dans ce restaurant?
  在这家餐厅吃饭需要预订吗?

 预定座位 Réserver une place

- Je voudrais réserver trois places.
  我想要预约3个人的位子。
- Combien de temps environ va t-il nous falloir attendre?
  我们大概需要等多久?
- Nous voulons des places près de la fenêtre.
  我们想要靠近窗子的位子。

点菜 Commander un repas

- Puis-je voir le menu?
  能给我看看菜单吗?
- Quelle est la spécialité de votre restaurant?
  餐厅最拿手的菜式是什么?
- Est-ce qu'il y a un plat du jour?
  餐厅有今日特价菜吗?
- Pourriez-vous me conseiller un vin?
  是否可建议一些不错的酒?
- Qu'est-ce que vous avez comme dessert?
  请问有哪些甜点?
- Je surveille mon alimentation.
  我正在节食中。

 在餐桌上 A table!

- A votre santé!
  祝您健康!
- Bon appétit!
  祝您胃口好!
- Servez-vous! /Faîtes comme chez vous! /Ne faîtes pas de manière!
  请随便吃。
- Passez-moi le sel (poivre)s'il vous plaît.
  请把盐(胡椒)传给我。
- Est-ce qu'il serait possible de prendre des fruits à la place d'un dessert?
  可不可以不要甜点改要水果?
- Peut-on fumer ici?
  可以抽烟吗?

- Les plats que j'ai commandés ne sont pas encore arrivés.
  我点的食物还没来。
- Ce n'est pas le plat que j'ai commandé.
  这不是我点的食物。
- C'est délicieux!
  味道好极了!
- C'est un peu salé.
  菜有点咸。
- C'est un peu fade.
  这个菜太淡。

 快餐和自助餐 Fast-food et buffet

- Vous mangez sur place ou vous emportez?
  您在这用餐或带走?
- Puis-je prendre ce siège?/ Puis-je m'asseoir ici?
  我可以坐这里吗?
- Quelle sorte de pain voulez-vous? Du pain blanc ou du pain complet?
  你想要什么口味的面包?白面包或全麦面包?
- Où puis-je prendre des couteau et fourchette?
  我在哪里可以拿到刀与叉?

 买单 L'addition

- L'addition, s'il vous plaît!
  请买单!
- Je paye. / C'est pour moi.
  我来付。
- Chacun paye son plat. / On paye séparément.
  分开付账。

- Gardez la monnaie.

  不用找了。

对话 Dialogues

Dialogue 1

Garçon: Bonjour, Messieurs. Voici le menu.
服务生：你好，先生。这是菜单。

Mahe: Merci. Qu'est-ce qu'il y a de bon aujourd'hui?
玛尔：谢谢。今天有什么好菜吗？

Garçon: Nous avons de l'agneau rôti avec des pommes frites, du bifteck, du ragoût, de la salade, du jambon, des saucisses...
服务生：我们有烤小羊肉和炸马铃薯片，牛排，红烧牛肉，沙拉，火腿和香肠。

Mahe: Très bien, donnez-moi un hors d'œuvre, puis un bifteck.
玛尔：好，先要一个冷盘，然后来一份牛排。

Garçon: Oui, Messieurs. Que boirez-vous?
服务生：好的，太太。要喝点什么？

Mahe: Un verres de cognac et une bouteille de bière.
玛尔：来一杯白兰地酒和一瓶啤酒。

Garçon: Que prennez-vous comme dessert?
服务生：要吃什么餐后点心？

Mahe: Donnez-moi un café au lait et des raisins.
玛尔：一杯加奶咖啡和葡萄。

Garçon: Voulez-vous encore quelques choses?
服务生：还需要别的什么吗？

Mahe: Merci bien, c'est assez.
玛尔：谢谢，够了。

Garçon: Bon, on vous sert tout de suite.
服务生：好的，您点的菜马上就上来。

Dialogue 2

Livreur de pizza(L): Allô! Mars Pizza. Puis-je vous aider?

店员：喂，玛士比萨饼店。有什么能帮你的吗？

Jean(J): Oui, puis-je commander un repas?

让：是的，我能叫一个外卖吗？

L: Oui. Bien sûr.

店员：是的，可以。

J: Je voudrais une pizza tomate-basilic et une part de tarte aux pommes.

让：我想要一份西红柿比萨，和一块苹果塔饼。

L: Ce sera tout?

店员：够了吗？

J: Plus une bouteille de Coca-cola de deux litres.

让：我还想要一瓶两升装的可乐。

L: Voulez-vous du pain avec ça?

店员：你想要一些面包棒吗？

J: D'accord.

让：好的。

L: Cela fera un total de dix-sept euros quatre-vingt. Votre adresse?

店员：总数是17.80欧元。你能告诉我你的地址吗？

J: J'habite au 12 rue Charles De Gaule.

让：我住在戴高乐街12号。

L: Bon. Merci de votre appel. Bonne soirée.

店员：好的。谢谢你的来电。晚安。

课文单词 Vocabulaire

menu	*n.m.*	菜单
spécialité	*n.f.*	名菜
conseiller	*v.*	建议
dessert	*n.m.*	甜点
commander	*v.*	点菜

VII. 日常交际用语・第十七课 用餐

语法视窗 Grammaire

直陈式未完成过去时

未完成过去时表示一个过去的，未完成的动作。它由直陈式现在时第一人称复数去掉词尾的 -ons，加上词尾 -ais, -ais, -ait, -ions, -iez, -aient 构成。例如：

parler 的未完成过去时 (陈式现在时第一人称复数为 nous parlons)

je parl*ais*	tu parl*ais*	il/elle parl*ait*
nous parl*ions*	vous parl*iez*	ils/elles parl*aient*

但是 être 的未完成过去时有特殊变化：

j'étais	tu étais	il/elle était
nous étions	vous étiez	ils/elles étaient

第十八课　交通出行 Transport

 基本表达法 Expressions fondamentales

 问路 Demander son chemin

■ Excusez-moi, pourriez-vous me dire comment aller à la place de la Concorde?
　我想去协和广场，请问怎么走？
■ Où se trouve l'arrêt d'autobus / de métro le plus proche?
　附近的公共汽车站 / 地铁站在哪里？
■ A quelle heure part le premier /dernier autobus en direction de Lyon?
　开往里昂的头班车（末班车）是几点？
■ Où peut-on se proccurer les horaires des autobus et métros?
　在哪里可以找到公共汽车和地铁的行车时刻表？
■ Quel autobus dois-je prendre pour aller aux Chanps- Elysées?
　几路车去香榭丽舍大街？
■ Quelle est la destination de cet autobus?
　这个车开往哪里？

 乘坐公共汽车 Prendre l'autobus

■ Où peut-on acheter des billets d'autobus?
　在哪里买票？
■ Je voudrais un billet mensuel, s'il vous plaît.
　劳驾买一张市内月票。
■ Je voudrais un billet hebdomadaire, s'il vous plaît.
　请买一张周票。

194

■ Un billet pour adulte, et un pour enfant, pour aller à Paris.
一张大人票，一张小孩票，到巴黎去的。

■ Où est-ce que l'on change de bus?
在哪里换车？

 乘坐地铁 Prendre le metro

■ Par quelle sortie doit-on sortir du métro?
从地铁哪个口出来？

■ Je dois changer pour quelle ligne du métro?
我要换乘几号地铁线？

■ Combien de stations faut-il pour arriver à Bordeaux?
到波尔多去一共坐几站？

■ Je voudrais un carnet (de tickets), s'il vous plait.
我想买一套地铁票簿。

 乘坐出租车 Prendre le taxi

■ Où se trouve le point / la station de taxis?
出租汽车站在哪里？

■ Je voudrais réserver un taxi.
我想定一个出租车。

■ Pourriez-vous envoyer un taxi à l'hôtel de Baiyun?
请您派一个车到白云宾馆来。

■ Mettez ma valise dans le coffre arrière, s'il vous plaît.
我的箱子请放到后备箱里。

对话 Dialogues

Dialogue 1

Robert: Aujourd'hui, c'est dimanche. Qu'est-ce qu'on fait?
罗伯尔：今天是星期天。我们干什么好呢？

Jean: Nous allons au cinéma, Ça va?
让：我们去看电影怎么样？

Robert: D'accord. Nous prenons le métro ou l'autobus?
罗伯尔：好啊。我们坐地铁去还是坐公车去？

Jean: L'autobus prendra plus de temps.
让：坐公车的话要很长时间。

Robert: C'est vrai, mais le métro est toujours plein de voyageurs.
罗伯尔：没错，但是地铁总是挤满了游客。

Jean: Prendrons-nous un taxi?
让：我们坐的士去好不好？

Robert: C'est plus vite, mais ça coûte plus cher.
罗伯尔：的士会快一点，但是比较贵啊。

Jean: Avez-vous vu cette voiture là? C'est à mon père. Nous pouvons y aller en voiture.
让：你看到那辆车了吗?那是我爸爸的车，我们可以开车去。

Robert: Bonne idée! On y va.
罗伯尔：好主意。我们走吧。

Dialogue 2

A: Voilà l'entrée du métro. Regardons le plan à l'extérieur de la station.
A: 这里就是地铁站了。我们先看看车站外面的地图。

B: Quelle ligne va à l'Opéra?
B: 哪号线是去到歌剧院那个站的？

A: C'est la ligne Mairie d'Ivry-Fort d'Aubervilliers.
A: 伊夫里市府 - 奥博维尔要塞这条线。

B: Ah, bon! On prend l'escalator ou on descend à pied?
B: 哦!那我们坐电梯下去还是走下去？

A: Descendons à pied.

A: 走下去吧。
B: Nous sommes deux jeunes hommes forts, d'accord!
B: 我们都是强壮的年轻人嘛，没问题！
A: Allez vite! Le train arrive!
A: 快点！地铁快到站了！

课文单词 Vocabulaire

chemin	n.m.	路
pratique	a.	方便的
mensuel	a.	每月的
hebdomadaire	a.	每周的
cinéma	n.m.	电影院
extérieur	n.m.	外面

语法视窗 Grammaire

过去分词

第一组动词的过去分词是去掉动词不定式的词尾 -er 并加上 -é 构成的。例如：donn*er*-donn*é* parl*er*-parl*é*

第二组动词的过去分词是去掉动词不定式的词尾 -ir 并加上 -i 构成的。例如：sais*ir*-sais*i* fin*ir*-fin*i*

第三组动词的过去分词变化不规则，常见的有：
avoir-eu être-été prendre-pris faire-fait 等等

直陈式复合过去时

复合过去时表示过去的，完成了的动作。它由 avoir 或 être 的直陈式加上动词的过去分词构成。例如：

parler 的复合过去时
j'ai parlé   tu as parlé   il/elle a parlé

nous avons parlé vous avez parlé ils/elles ont parlé

大部分动词的复合过去时都是用 avoir 作为助动词的，除了某些不及物动词，如 entrer, venir, sortir, aller, descendre, naitre 等等，则是用 être 作为助动词。注意以 être 为助动词的过去分词要同主语性数配合一致。例如：

je suis venu tu es venu il est venu elle est venue

nous sommes venus vous êtes venus ils sont venus elles sont venues

第十九课　观光 Tourisme

基本表达法 Expressions fondamentales

询问景点位置 Demander la place des sites touristiques

■ Excusez-moi, avez-vous des guides touristiques à vendre?
　请问，这里有旅游指南出售吗？

■ Est-ce qu'il y a de cartes touristiques?
　请问有观光地图吗？

■ Excusez-moi, selon vous, quels sites ici méritent d'être visités?
　请问，这里都有哪些值得游览的地方？

■ Est-ce qu'il y a des bâtiments typiques près de Versailles?
　凡尔赛宫附近有什么标志性的建筑吗？

■ Comment aller au stade de football en prenant le métro, s'il vous plaît?
　如果坐地铁去世界杯足球场该怎么走？

■ Quel autobus faut-il prendre pour aller à la tour sud?
　请问坐哪辆车能到南山塔？

购票 Acheter des billets

■ Où peut-on acheter des billets?
　请问售票处在哪里？

■ Combien coûte un billet?
　门票多少钱一张？

■ Est-ce qu'il y a des billets tarif étudiant?
　售学生票吗？

199

- Quel est la limite de la date de validité de ce billet? / Quand est-ce qu'expire ce billet? / Jusqu'à quand est valable ce billet?
  请问，这张票到什么时候过期？
- Je veux réserver dix billets communautaires / de groupes.
  我想订十张团体票。
- Est-ce qu'il y a des billets / tarifs préférenciels pour les groupes?
  团体购票有优惠吗？

旅游过程中 Au cours de la visite

- Où se trouve l'entrée /la sortie?
  请问入口 / 出口在哪？
- Puis-je prendre des photos ici?
  这里可以拍照吗？
- Pourriez-vous me prendre en photo?
  能帮我拍张照片吗？
- Pourriez-vous me présenter l'histoire de ce site?
  能介绍一下这里的历史吗？

对话 Dialogues

Dialogue 1

Charlesien: Bonjour. Etes-vous touriste en France?
夏尔安： 你好。你是来法国旅游的吗？
Josette: Oui. Je suis très joyeuse ici.
若赛特： 是的。我在这非常愉快。
Charlesien: Combien de temps projetez-vous de rester en France?
夏尔安： 你打算在法国呆多久？
Josette: Pour deux semaines. Je fais le tour du pays.
若赛特： 两个星期，我在环游法国。

Charlesien:	Où êtes-vous allé jusqu'à maintenant?
夏尔安：	到目前为止你去了哪些地方？
Josette:	Je suis allé sur la Riviera.
若赛特：	我去了里维埃拉。
Charlesien:	Avez-vous visité Paris?
夏尔安：	你去过巴黎了吗？
Josette:	Pas encore. Je projette d'aller à Paris dans trois jours. J'ai envie de voir la Tour Eiffel.
若赛特：	还没。我打算三天后去巴黎，我的确非常想看看艾菲尔铁塔。
Charlesien:	Vous ne pouvez pas visiter la France sans voir sa ville la plus connue.Bon, je dois partir. Bon voyage.
夏尔安：	来法国你不能不去这法国最著名的城市。我得走了。祝你一路平安！
Josette:	Merci d'avoir parlé avec moi. J'ai apprécié beaucoup notre conversation.
若赛特：	谢谢你和我谈话。和你聊天我非常开心。

Dialogue 2

Christine:	Bonjour. Vous avez l'air perplexe. Vous venez d'arriver en France?
克丽斯廷：	你好，你看起来很困惑。你刚到法国吗？
Lee:	Oui, je le suis. Je suis arrivé hier.
李：	是的。我昨天才到的。
Christine:	Quels problèmes rencontrez-vous?
克丽斯廷：	你遇到什么麻烦？
Lee:	Je voudrais changer de l'argent. Savez-vous où je peux le faire?
李：	我想兑换些钱。你知道我该去哪换吗？
Christine:	Allez dans une banque en suivant cette rue.
克丽斯廷：	沿这条街走，就会有一家银行。
Lee:	Merci beaucoup.
李：	非常感谢。

Christine: Projetez-vous d'y rester longtemps?
克丽斯廷：你打算在这里长住吗？
Lee: Je vais y rester pour une année. Je fais mes études dans une Université à Paris.
李：我将在这呆一年。我将在巴黎的一所大学读书。
Christine: Je vous souhaite un bon séjour.
克丽斯廷：我希望你在这生活愉快。
Lee: Merci.J'en suis sûr.
李：谢谢。我相信我会的。

课文单词 Vocabulaire

site touristique		景点
apprécier	v.	欣赏
perplexe	a.	迷茫的
banque	n.f.	银行
séjour	n.m.	停留

语法视窗 Grammaire

命令式

命令式只有第二人称单复数以及第一人称复数三种形式。把直陈式现在时的主语去掉就构成了命令式。但应注意第一组动词和aller变为第二人称单数的命令式时，词尾的-s要去掉。例如：

直陈式现在时 tu parles　　命令式 parle
　　nous parlons　　　　　　parlons
　　vous parlez　　　　　　　parlez

否定时同样是去掉直陈式现在时的主语构成的。例如：

直陈式现在时 tu ne parles pas　命令式 ne parle pas
　　nous ne parlons pas　　　　ne parlons pas
　　vous ne parlez pas　　　　　ne parlez pas

第二十课 购物 Faire des achats

基本表达法 Expressions fondamentales

询问商店情况 Demander des informations sur les boutiques

- Est-ce qu'il y a des grands magasins réputés dans le coin? Comment peut-on s'y rendre?
  附近有比较好的百货商店吗?怎么走?
- De quelle heure à quelle heure est ouvert ce magasin?
  商店的营业时间是几点到几点?
- Où se trouvent les toilettes?
  洗手间在哪里?
- Est-ce que ce magasin est ouvert aussi le week-end?
  周末照常营业吗?
- Où se trouve l'ascenseur?
  电梯在哪里?

商店咨询 Dans les magasins

- Est-ce que je peux vous aider?
  你想买点什么?
- Merci, je regarde seulement.
  我只想看看。
- Je ne sais pas quelle taille de vêtement me convient, pourriez-vous m'aider (à trouver ma taille)?
  我也不知道应该穿多大尺码,你能帮我量一下吗?

203

- Où se trouve la cabine d'essayage?

  试衣间在哪里?

- Combien coûte ce vêtement?

  这件衣服多少钱?

- C'est un peu cher, pourriez-vous me faire une réduction / un rabais / un prix?

  太贵了,能不能便宜点?[实际上,除了打折(Soldes)的时候(一月和七月的时候),在法国几乎不可能。]

- Je n'aime pas cette couleur, n'y aurait-il pas d'autres coloris?

  我不喜欢这个颜色,有其他颜色的吗?

- Je veux une paire de chaussures de pointure 40.

  我要一双40码的鞋。

- Ce sont tous des produits de beauté naturels.

  这些都是纯天然的护肤品。

- Je cherche des boucles d'oreille tendance.

  我要一款新式的耳坠。

- Est-ce que c'est soldé? C'est soldé à combien? A combien est soldé cet article?

  打折吗?打几折?(在法国打折或减价的说法与中国是相反的,中国的6折相当于法国的40%,而不是60%。换句话说,在法国写出的不是降低以后新的价格而是原来价格的降低部分。)

交款 Paiement

- Où se trouve la caisse?

  请问收银台在哪里?

- Est-ce que vous acceptez les yuan?

  请问收人民币吗?

- Vous acceptez les cartes de crédit?

  可以刷卡消费吗?

204

- Veuillez composer votre code (de carte bancaire).
  请您输入密码。
- Est-ce que ces produits sont détaxés?
  这些商品是免税的吗?
- Pourriez-vous me dire comment se fait la détaxation de ce produit?
  你能告诉我这件商品如何办理退税吗?

 询问相关事宜 Demander un service

- Voilà le pantalon que j'ai acheté hier, il est un peu juste. Pourriez-vous me le changer contre un plus large?
  这是我昨天买的裤子。有点小，能换条大点的吗?
- Combien de temps ces paires de chaussures sont sous garanties?
  请问这双鞋的保修期是多久?
- Cette montre ne marche pas très bien. Je voudrais la changer.
  这只手表不准了，我想换货。
- J'ai acheté ces chaussures le mois dernier, mais elles sont déjà abîmées. Pourriez-vous les rapiécer /raccommoder /recoudre?
  这是我上个月买的鞋，现在坏了，想请你帮我修一下。
- C'est garantie 3 mois, si c'est abîmé 3 mois plus tard, on ne prend plus en charge la réparation.
  保修期为三个月，逾期不负责修理。

对话 Dialogues

Dialogue 1

Jacques: Je veux des livres en chinois.
雅克: 我想买中文书。
Vendeur: Voici le catalogue, Monsieur.
售货员: 先生，这是目录。

Jacques:	Avez-vous des dictionnnairs?
雅克：	你们这里有字典吗？
Vendeur:	Oui, Monsieur, nous avons les dictionnaires français-chinois, français-anglais, français-allemand,etc...
售货员：	有的，先生，我们有法汉字典，法英字典，法德字典等等……
Jacques:	Donnez-moi un dictionnaire français-chinois.Combien?
雅克：	我要一部法汉字典。多少钱？
Vendeur:	Dix euros.
售货员：	十欧元。
Jacques:	C'est trop cher.
雅克：	太贵了。
Vendeur:	Si vous achetez encore d'autres choses, nous vous donnerons une réduction de 5%.
售货员：	如果你还买点别的东西，我们可以给你打9.5折。
Jacques:	Donnez-moi, s'il vous plaît, des enveloppes, du papieràlettre, un stylo, un encrier bleu-noir et une carte de Paris. Combien pour le tout?
雅克：	那我还要一些信封，信纸，一支钢笔，一瓶蓝黑墨水和一张巴黎的地图。一共多少钱？
Vendeur:	Quatorze euros. Nous vous donnons une réduction de 5%. Ça fait treize euro trois.
售货员：	十二欧元。我们给你打个9.5折，一共是13.3欧元。
Jacques:	Merci Monsieur.
雅克：	谢谢你。
Vendeur:	Au revoir.
售货员：	再见。

Dialogue 2

Tailleur:	Bonjour, Monsieur. Vous désirez?
裁缝：	你好，先生，需要点什么？
Davis:	Je veux commander un costume.Montrez-moi les tissus.
戴维：	我想定做一套衣服。给我看看衣料。

Tailleur: Très bien, Monsieur. Nous avons de très bons tissus. Aimez-vous celui- là rayé?

裁缝： 好的，先生。我们有很好的衣料。你喜欢那种有条纹的吗？

Davis: Oui, j'aime bien celui-ci. Montrez-moi le bleu marin, s'il vous plaît. Quel est le prix d'un costume de cette qualité?

戴维： 是的，我喜欢这个。请给我看看海蓝色的。这种料子的衣服一套要多少钱？

Tailleur: Deux cents euros, Monsieur.

裁缝： 两百欧元，先生。

Davis: Un complet?

戴维： 全套吗？

Tailleur: Oui, la veste, le pantalon et le gilet. Comment le voulez-vous?

裁缝： 是的，有上衣，裤子和背心。你喜欢什么式样的？

Davis: Montrez-moi des modèles. J'aime cette dernière mode.

戴维： 给我看看式样。我喜欢这种流行的式样。

Tailleur: Bon, vous essayerez demain matin.

裁缝： 好的，明天上午你来试。

Davis: Merci. Au revoir.

戴维： 谢谢，再见。

Tailleur: A demain.

裁缝： 明天见。

课文单词 Vocabulaire

réduction	n.f.	减少
catalogue	n.m.	目录
dictionnnaire	n.m.	字典
encrier	n.m.	墨水瓶
désirer	v.	需要
tissus	n.m.	布料
qualité	n.f.	质量

语法视窗 Grammaire

> 感叹句

1. 使用 quel/quelle 为感叹词

   quel/quelle 后面加名词，并且必须与名词性数一致。例如：

   Quel paresseux! = ***Quel*** paresseux tu es! 你真懒!

2. 使用 comme 为感叹词

   comme 后面加一个句子，没有性数变化。例如：

   Comme tu es paresseux! 你真懒!

3. 使用 que 为感叹词

   que 后面可以加一个句子，例如：

   Que tu es paresseux! 你真懒!(此处 que 的用法与 comme 完全一样)

   que 后面还可以加名词，但是必须先加上 de，例如：

   Que de paresseux! = ***Que de*** paresseux tu es! 你真懒!

附录 基本词汇 MOTS COURANTS

 1. 数字 chiffres

基数词 nombres cardinau		序数词 nombres ordinaux	
Un	1;	Premier	第一;
Deux	2;	Deuxième	第二;
Trois	3;	Troisième	第三;
Quatre	4;	Quatrième	第四;
Cinq	5;	Cinquième	第五;
Six	6;	Sixième	第六;
Sept	7;	Septième	第七;
Huit	8;	Huitième	第八;
Neuf	9;	Neuvième	第九;
Dix	10;	Dixième	第十;
Onze	11;	Onzième	第十一;
Douze	12;	Douzième	第十二;
Treize	13;	Treizième	第十三;
Quatorze	14;	Quatorzième	第十四;
Quinze	15;	Quinzième	第十五;
Seize	16;	Seizième	第十六;
Dix-sept	17;	Dix-septième	第十七;
Dix-huit	18;	Dix-huitième	第十八;
Dix-neuf	19;	Dix-neuvième	第十九;

2. 时间 Temps

1) Les années 年
L'année dernière 去年　　Cette année 今年　　L'année prochaine 明年

2) Les saisons 季节
Le printemps 春天　　L'été 夏天　　L'automne 秋天　　L'hiver 冬天

3) Les mois 月
Janvier 一月　　Février 二月　　Mars 三月　　Avril 四月
Mai 五月　　Juin 六月　　Juillet 七月　　Août 八月
Septembre 九月　　Octobre 十月　　Novembre 十一月　　Décembre 十二月

4) Les Jours 星期
Lundi 星期一　　Mardi 星期二　　Mercredi 星期三　　Jeudi 星期四
Vendredi 星期五　　Samedi 星期六　　Dimanche 星期日

5) Les periodes de le Jowrée 日
Le matin 早晨　　L'après-midi 下午　　Le soir 傍晚　　La nuit 深夜
La journée 白天　　La soirée 夜晚　　Aujourd'hui 今天
Demain 明天　　Après-demain 后天　　L'avant-hier 前天

6) Les heures 小时
Une minute 分钟　　Une seconde 秒

3. 计量单位 Unité de mesure

1) La longueur 长度
　　Un millimètre 毫米　　　　Un centimètre 厘米
　　Un mètre 米　　　　　　　Un kilomètre 公里

2) Le volume 容量
　　Un millilitre 毫升　　　　Une litre 升　　　　Une once 盎司

3) **Le poids 重量**

Un gramme 克 Un kilogramme 千克
Une tonne 吨 Une livre sterling 磅

4) **Les monnaies 货币单位**

Euro 欧元   Dollar 美元   Yen 日元   RMB 人民币

4. 方位 Directions

est 东   sud 南   ouest 西   nord 北
sud-est 东南   nord-est 东北   sud-ouest 西南   nord-ouest 西北
avant/devant 前   arrière/derrière 后   gauche 左   droite 右
milieu 中间

5. 颜色 Couleur

rouge 红色的   bleu 蓝色的   vert 绿色的   blanc 白色的
gris 灰色的   jaune 黄色的   doré 金色的   brun 褐色的
noir 黑色的   foncé 深色的   clair 浅色的   multicolore 彩色的

6. 称谓 Appellation

Monsieur 先生   Madame 女士   Mademoiselle 小姐
parents 父母   grand-père 祖父（外祖父）   grande-mère 祖母（外祖母）
père 父亲   mère 母亲   oncle 伯父（叔叔、舅舅）
tante 阿姨（婶婶、舅妈）   frère 兄弟
sœur 姐妹   cousin 表（堂）兄弟   cousine 表（堂）姊妹
neveu 侄子（外甥）   nièce 侄女（外甥女）
petit-fils 孙子（外孙）   petite-fille 孙女（外孙女）
époux 丈夫   épouse 妻子   fils 儿子
fille 女儿   enfant 小孩   jeunes 年轻人
camarade 同学   professeur 老师   chéri(e) 亲爱的